Early Civilizations in the Americas
Reference Library
Cumulative Index

Early Civilizations in the Americas
Reference Library Cumulative Index

Cumulates Indexes for:
Early Civilizations in the Americas: Almanac
Early Civilizations in the Americas: Biographies and Primary Sources

Julie L. Carnagie, Project Editor

U·X·L
An imprint of Thomson Gale, a part of The Thomson Corporation

**THOMSON
GALE**

Detroit • New York • San Francisco • San Diego • New Haven, Conn. • Waterville, Maine • London • Munich

THOMSON
GALE

Early Civilizations in the Americas: Cumulative Index

Project Editor
Julie L. Carnagie

Permissions
Shalice Shah-Caldwell, William Sampson

Imaging and Multimedia
Kelly A. Quin

Product Design
Tracey Rowens, Jennifer Wahi

Composition
Evi Seoud

Manufacturing
Rita Wimberley

©2005 Thomson Gale, a part of The Thomson Corporation.

Thomson and Star Logo are trademarks and Gale and UXL are registered trademarks used herein under license.

For more information, contact:
Thomson Gale
27500 Drake Rd.
Farmington Hills, MI 48331-3535
Or you can visit our Internet site at
http://www.gale.com

ALL RIGHTS RESERVED
No part of this work covered by the copyright hereon may be reproduced or used in any form or by any means—graphic, electronic, or mechanical, including photocopying, recording, taping, Web distribution, or information storage retrieval systems—without the written permission of the publisher.

For permission to use material from this product, submit your request via Web at http://www.gale-edit.com/permissions, or you may download our Permissions Request form and submit your request by fax or mail to:

Permissions Department
Thomson Gale
27500 Drake Rd.
Farmington Hills, MI 48331-3535
Permissions Hotline:
248-699-8006 or 800-877-4253, ext. 8006
Fax: 248-699-8074 or 800-762-4058

Cover photographs reproduced by permission of the ©Archivo Iconografico, S.A./Corbis.

While every effort has been made to ensure the reliability of the information presented in this publication, Thomson Gale does not guarantee the accuracy of data contained herein. Thomson Gale accepts no payment for listing; and inclusion in the publication of any organization, agency, institution, publication, service, or individual does not imply endorsement by the editors or publisher. Errors brought to the attention of the publisher and verified to the satisfaction of the publisher will be corrected in future editions.

LIBRARY OF CONGRESS CATALOGING-IN-PUBLICATION DATA

Early civilizations in the Americas. Cumulative index / [Sarah Hermsen, index coordinator].

   p. cm. — (Early civilizations in the Americas reference library)

   "Cumulates indexes for Early civilizations in the Americas. Almanac [and] Early civilizations in the Americas. Biographies and primary sources."

   ISBN 0-7876-9126-7 (pbk.)

   1. Indians of Mexico—History—Indexes. 2. Indians of South America—History—Indexes. I. Hermsen, Sarah. II. Title. III. Series.

F1219.E17 2005
2004020468

972'.01—dc22

This title is also available as an e-book.
ISBN: 0-7876-9395-2
Contact your Thomson Gale representative for ordering information.

Printed in the United States of America
10 9 8 7 6 5 4 3 2 1

Early Civilizations in the Americas Reference Library Cumulative Index

A=Early Civilizations in the Americas: Almanac
BPS=Early Civilizations in the Americas: Biographies and Primary Sources

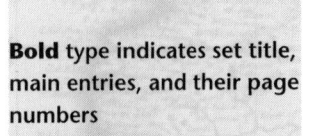

Bold type indicates set title, main entries, and their page numbers

Italic type indicates volume number

Illustrations are marked by (ill.).

A

Aboriginal
  A *1:* 20
Aca
  BPS 48
Acamapichtli
  A *2:* 471, 480, 484
  BPS 158, 172
Acatlan
  BPS 237
Accord, defined
  BPS 144
Aclla
  A *1:* 206–7, 207 (ill.), 222, 229
  BPS 43
Acllahuaci
  A *1:* 156, 159, 200, 207, 208 (ill.)
  BPS 4, 43–48, 45 (ill.), 49
Acosta, José de
  A *1:* 23
Adams, Richard E.W.
  A *2:* 425
Addition. *See also* Number systems
  BPS 90

Administration. *See also* Government
  A *1:* 180
  BPS 18
Administrative center
  A *1:* 122
Administrators
  A *1:* 60, 88, 138, 156; *2:* 372
Adobe
  A *1:* 88, 96, 106, 138
Adovasio, James M.
  A *1:* 26, 33
Adultery
  A *1:* 193
Afterlife
  A *1:* 205; *2:* 375–80
Agriculture. *See also* Irrigation
  Aztec, A *2:* 461–62, 496–97, 498 (ill.); **BPS** 175–78, 175 (ill.)
  Caral, A *1:* 52
  defined, A *1:* 2
  development of, A *1:* 4–5, 6
  early Andean, A *1:* 35, 43, 44 (ill.), 52

early Mesoamerican, **A** *2:* 264–65, 266 (ill.)
Inca, **A** *1:* 194–95, 195 (ill.), 196 (ill.), 202, 216; **BPS** 24–25, 27 (ill.), 28 (ill.), 29
kingdom of Chimor, **A** *1:* 148, 149–50
labor for, **A** *1:* 224–27
Maya, **A** *2:* 422–25
Olmec, **A** *2:* 287–88
raised farming system, **A** *1:* 116–17
slash-and-burn, **A** *2:* 288, 423–25, 424 (ill.)
Teotihuacán, **A** *2:* 327
Tiwanaku, **A** *1:* 116–17
Toltec, **A** *2:* 450–51
Wari, **A** *1:* 128, 129 (ill.), 131
Aguilar, Jeronimo de
BPS 249, 252, 254
Ahaw kings
A *2:* 380–85
Ah Ne Ohl Mat
BPS 131
Ahkal Mo' Nahb' I
BPS 131
Ahkal Mo' Nahb' II
BPS 131
Ahuitzotl
A *2:* 462–63, 474, 485, 532
BPS 236–37, 238
Ainu
A *1:* 29
Ajaw
BPS 84
Akab Szib
A *2:* 366
Akapana pyramid
A *1:* 110–11
Alcoholic beverages
BPS 48, 57, 164
chicha, **A** *1:* 36, 122, 131, 156, 233
pulque, **A** *2:* 447, 524–25
Alcohuans
A *2:* 480–81
BPS 222
Aliens
A *1:* 83

Alliances. *See also* Triple Alliance
A *2:* 416
Almagro, Diego de
A *1:* 247–48, 254
BPS 55, 66–67, 67 (ill.)
Alpaca
defined, **A** *1:* 36
description of, **A** *1:* 42, 43
kingdom of Chimor and, **A** *1:* 149
modern day, **A** *1:* 259
Tiwanaku and, **A** *1:* 118
Altar L
BPS 124
Altar Q
A *2:* 364–65, 364 (ill.)
BPS 112–14
Altars
A *2:* 398
Altiplano
A *1:* 36, 38, 40, 40 (ill.)
Alva, Walter
A *1:* 94–95
Alvarado, Pedro de
A *2:* 541
BPS 139, 244, 257
Amaranth
A *2:* 524, 525
Amerindians
BPS 250, 281
ancestors of, **A** *1:* 31
defined, **A** *1:* 20; *2:* 334, 502, 530
genetics of, **A** *1:* 31–32
languages of, **A** *1:* 32–33; *2:* 434
post-Spanish conquest, **A** *2:* 546–50
Anáhuac. *See* Valley of Mexico
Anasazi
A *2:* 453
Ancestor worship
Inca, **A** *1:* 204
kingdom of Chimor, **A** *1:* 150–51
Wari, **A** *1:* 132–33
Zapotec, **A** *2:* 309
Ancient civilizations. *See also* specific civilizations
A *1:* 8–15

Andean region. *See also* Early Andeans
after the Inca, **A** *1:* 257–59
description of, **A** *1:* 37–39, 38 (ill.), 39 (ill.), 40 (ill.)
early civilizations, **A** *1:* 8–12, 8 (ill.), 10 (ill.), 35–57
pre-Inca, **BPS** 7–8
Animal sacrifices
Inca, **A** *1:* 205, 205 (ill.)
Maya, **A** *2:* 379, 380, 383
Wari, **A** *1:* 132
Animal spirit companions
A *2:* 289–90, 377
Animals. *See* Domestic animals
Anonymous History of Trujillo (1604)
A *1:* 145
Anthropology
A *1:* 20–21
Antisuyu
A *1:* 158
Apartment buildings
A *2:* 321–22, 453
Apos
A *1:* 187, 223
Apostolic Library
BPS 205
Aqueducts
A *1:* 76, 78–79; *2:* 465
BPS 225
Arabic number systems
BPS 91, 95
Archaeological excavations. *See also* specific sites
A *2:* 262, 334
Archaeology
A *1:* 2, 16, 16 (ill.), 20; *2:* 334
Architecture
Aztec, **A** *2:* 463, 464, 464 (ill.), 523–24; **BPS** 177–78, 192
Cancuen, **A** *2:* 417
Chan Chan, **A** *1:* 140–42, 140 (ill.), 141 (ill.)
Chavín, **A** *1:* 61–65
Chichén Itzá, **A** *2:* 366 (ill.), 387 (ill.)
Cival, **A** *2:* 349

Copán, A *2:* 335–36, 336 (ill.)
Cotton pre-Ceramic era, A *1:* 45–48
defined, A *1:* 36
Inca, A *1:* 10–11, 159–65, 160 (ill.), 162 (ill.), 211–12, 212 (ill.), 231–33; **BPS** 14–16, 16 (ill.), 45 (ill.)
kingdom of Chimor, A *1:* 139–43, 140 (ill.), 141 (ill.), 151–52, 151 (ill.)
Maya, A *2:* 349, 351–57, 355 (ill.), 359–62, 359 (ill.), 360 (ill.), 364–67, 366 (ill.), 367 (ill.), 398; **BPS** 73–76, 111–26, 115 (ill.), 127, 129–35, 130 (ill.)
Moche, A *1:* 89–91, 90 (ill.), 91 (ill.)
modern Cuzco, A *1:* 258 (ill.)
monumental, A *1:* 2–3, 37, 45–48, 48 (ill.), 61
Nazca, A *1:* 76–77
Olmec, A *2:* 282, 283, 284
Palenque, A *2:* 337 (ill.), 359–61, 359 (ill.)
residential, A *1:* 231–33, 231 (ill.); *2:* 321–22, 427–28, 428 (ill.), 464
Spanish-style, A *1:* 258 (ill.), 259
Teotihuacán, A *2:* 318–22, 319 (ill.), 321 (ill.), 323 (ill.), 331
Tiwanaku, A *1:* 108–14, 110 (ill.), 111 (ill.), 112 (ill.)
Toltec, A *2:* 441–44, 442 (ill.), 443 (ill.), 455, 455 (ill.)
Wari, A *1:* 124–28, 125 (ill.)
Zapotec, A *2:* 304–6, 304 (ill.)
Archives
BPS 225
Arctic
A *1:* 20
Armies. *See* Military forces

Arrow Knights
A *2:* 493
Art
Aztec, A *2:* 512 (ill.), 513–20, 515 (ill.)
Chavín, A *1:* 70–72, 71 (ill.)
Inca, A *1:* 210–16, 213 (ill.)
kingdom of Chimor, A *1:* 144, 144 (ill.), 147 (ill.), 148–49, 149 (ill.), 151–52, 210
Maya, A *2:* 352, 362, 391, 396–404, 397 (ill.), 399 (ill.); **BPS** 73–75, 127
Moche, A *1:* 87, 99–102, 100 (ill.), 101 (ill.)
Olmec, A *2:* 285–86, 292–93, 293 (ill.)
Sumerian, A *1:* 9
Teotihuacán, A *2:* 329–31, 330 (ill.)
Tiwanaku, A *1:* 118 (ill.), 119–20
Toltec, A *2:* 444, 454–55, 455 (ill.)
Wari, A *1:* 133–34, 134 (ill.)
Zapotec, A *2:* 310, 311 (ill.)
Artifacts
A *1:* 2, 20, 94; *2:* 262, 277, 316, 334, 438
Artillery. *See also* Warfare
BPS 268
Artisans
Aztec, A *2:* 497–98, 513–14
Cancuen, A *2:* 417, 419
Inca, A *1:* 196, 224
kingdom of Chimor, A *1:* 148–49
Teotihuacán, A *2:* 320, 326–27
Artist-scribes
BPS 211
Ascher, Marcia
BPS 35–36
Ascher, Robert
BPS 35–36
Asian migrants
A *1:* 28–31, 32
Aspero, Peru
A *1:* 46–47

Astrology
BPS 94
Astronomers
A *2:* 392
Astronomical observatories
defined, A *1:* 76; *2:* 348
Maya, A *2:* 354, 367, 412
Nazca, A *1:* 81
Zapotec, A *2:* 305–6, 308 (ill.), 312
Astronomy
defined, A *2:* 316
Inca, A *1:* 219–20
Maya, A *2:* 349, 411–13
Olmec, A *2:* 296
Asunder, defined
BPS 229
Atabalipa. *See* Atahuallpa
Atahuallpa
BPS 4, **51–62**, 51 (ill.), 57 (ill.)
Betanzos on, **BPS** 23, 57, 58
capture of, **BPS** 59, 67–69, 68 (ill.)
death of, A *1:* 250–51, 252 (ill.); **BPS** 60–61, 61 (ill.), 69
Doña Angelina Yupanqui and, **BPS** 3, 22
Huáscar and, A *1:* 176–77, 246, 246 (ill.); **BPS** 53–55
Huayna Capac and, A *1:* 243; **BPS** 52–53
Pizarro and, A *1:* 9–10, 248–51, 251 (ill.); **BPS** 4, 9, 55–56, 60, 66–67, 67 (ill.)
Poma de Ayala on, **BPS** 61 (ill.), 66–69, 67 (ill.), 68 (ill.)
ransom for, **BPS** 59–60
rule of, A *1:* 171, 182
Spanish conquest and, **BPS** 55–61, 66–69, 67 (ill.), 68 (ill.)
wife of, A *1:* 168
Atahualpa. *See* Atahuallpa
Atlantes
A *2:* 438, 443, 450 (ill.), 455

Atlatls
  A *2:* 455, 495
Atole
  A *2:* 524
Atonatiuh
  BPS 183
Audiencias
  A *1:* 141
Authoritarian governments
  A *1:* 122
Aveni, Anthony
  A *1:* 84
Avenue of the Dead
  A *2:* 318–19
Aviary
  A *2:* 502
Axayácatl
  A *2:* 485
  BPS 158, 179, 184, 236, 268
Axe bearers
  A *2:* 385
Axes, jade
  A *2:* 351
Ayacucho Valley, Peru
  A *1:* 123–24, 128
Ayar Anca
  A *1:* 170
Ayar Cachi
  A *1:* 170, 171
Ayar Manco. *See* Manco Capac
Ayar Uchu
  A *1:* 170
Ayllu
  daily life in, A *1:* 225–26
  defined, A *1:* 36, 106, 156, 180, 200, 222
  development of, A *1:* 55
  Inca, A *1:* 171, 185, 203–4, 225–26
  present day, A *1:* 258
  Tiwanaku, A *1:* 115–16
  worship, A *1:* 203–4
Ayllus
  BPS 24
Aymara people
  A *1:* 107, 116, 117
Aymoray
  A *1:* 207
Ayni
  A *1:* 116, 188, 258

Azángaro, Peru
  A *1:* 124 (ill.), 126
Azcapotzalco, Mexico
  A *2:* 471, 481, 484
  BPS 222
Aztec Sun Stone
  BPS 153–54, 181–93, 188 (ill.), 189 (ill.)
  center of, **BPS** 185, 187 (ill.)
  first ring, **BPS** 190 (ill.)
  history of, **BPS** 158, 184
  outer ring, **BPS** 187–88, 191 (ill.)
  second ring, **BPS** 186, 190 (ill.)
  third ring, **BPS** 186–87, 191 (ill.)
Aztecs. *See also* Díaz, Bernal; Malinche; Montezuma II
  BPS 151–55
  agriculture, A *2:* 461–62, 496–97, 498 (ill.); **BPS** 175–78, 175 (ill.)
  architecture, A *2:* 463, 464, 464 (ill.), 523–24; **BPS** 177–78, 192
  art, A *2:* 512 (ill.), 513–20, 515 (ill.)
  background of, A *2:* 467–70
  calendars, **BPS** 153–54, 182–84, 200, 205, 217–18, 239
  class system, A *2:* 488–92
  Codex Borgia, **BPS** 154, 158, 195–207, 200 (ill.), 203 (ill.)
  Codex Mendoza, **BPS** 154, 159–60, 209–19
  codices of, **BPS** 154, 158, 195–207, 209–19, 210 (ill.)
  creation myths, A *2:* 324–25
  daily life, A *2:* 520–27, 521 (ill.)
  descendents of, A *2:* 549–50, 549 (ill.)
  development of, A *2:* 272
  economy, A *2:* 477–79, 481, 483–85, 487, 495–99

  empire building, A *2:* 471–73, 480–86, 529–30
  epidemics and, A *2:* 542–43
  facts about, **BPS** 153
  government, A *2:* 472, 477–95
  history of, A *2:* 465–74
  human sacrifice rituals, **BPS** 174, 177–80, 185, 187, 214
  Itzcoatl history of, A *2:* 471–72
  kings and emperors, A *2:* 484–85, 488
  laws of, **BPS** 178–79, 225
  location of, A *2:* 460–61, 460 (ill.), 479 (ill.), 531 (ill.); **BPS** 152 (ill.)
  marketplace, **BPS** 275 (ill.)
  medicine, A *2:* 526–27
  military forces, A *2:* 468–69, 471–73, 477–78, 492–95, 494 (ill.), 499
  missionaries and, **BPS** 159, 280–81
  Nezahualcoyotl, **BPS** 154, 158, 173, 176–77, 221–33, 224 (ill.)
  oral tradition, **BPS** 161–62, 174, 178–79, 221–22
  poetry, **BPS** 154, 155, 221–33, 271–83
  religion, A *2:* 502–11; **BPS** 165, 174, 182–84, 195–96, 200, 213, 281
  revised history of, **BPS** 174
  rise of, A *2:* 457–75
  rulers of, **BPS** 152, 173
  sciences, A *2:* 511–13
  songs, **BPS** 160, 221–22, 232, 271
  Spanish chronicles of, A *1:* 16–17; *2:* 468–69
  Spanish conquest of, A *1:* 12–13; *2:* 501–2, 529–51; **BPS** 154–55, 167–68, 253–57
  surrender of, **BPS** 258, 274–75, 280

timeline of, **BPS** 157–60
Toltec and, **A** *1:* 14–15; *2:* 437–39, 444, 480
warfare, **BPS** 152–53, 174, 178, 179–80, 215–16
writing and language, **A** *2:* 514–20, 515 (ill.)
writing systems, **BPS** 154, 209

Aztlán
A *2:* 467
BPS 213

B

Bajo
A *2:* 348, 354
Bajo de Santa Fe
A *2:* 354
Baktun
BPS 94
Ball games
BPS 82, 147–48
Aztec, **A** *2:* 463
Maya, **A** *2:* 355, 367–68, 376–77, 383, 383 (ill.), 433
Olmec, **A** *2:* 290–92
Balls, rubber
A *2:* 281, 292
Balsa wood
A *1:* 248
Bandoliers
BPS 47
Baptism
A *2:* 530, 547
Bar and dot number system
BPS 87–92, 89 (ill.), 90 (ill.)
Aztec, **A** *2:* 512
calendars and, **BPS** 87, 91, 95
Long Count and, **BPS** 103
Maya, **A** *2:* 404–6
Olmec, **A** *2:* 294, 295, 296
Olmec Stone Roller Stamp and, **BPS** 84
Stela A, **BPS** 118
Teotihuacán, **A** *2:* 331
Zapotec, **A** *2:* 307
Barbarians
A *2:* 438, 458, 466

Barrios
A *1:* 142
Basalt
A *2:* 277, 280, 282, 287, 292
BPS 181
Basket-weave crown
BPS 117
Bas-relief
defined, **A** *2:* 392, 438
Maya, **A** *2:* 398, 399 (ill.)
Toltec, **A** *2:* 455
Batabs
A *2:* 385
Batán Grande, Peru
A *1:* 139 (ill.), 144
Beans
A *2:* 429
Bearer (God)
BPS 141, 143–47
Beauty, personal
A *2:* 432
Beer. *See Chicha*
Begetter (God)
BPS 141, 143–47
Bennett Stela
A *1:* 112
Benson, Elizabeth
A *1:* 98
Bering Land Bridge
A *1:* 23–25, 24 (ill.), 27–28, 32
Beringia
A *1:* 23
Berlin, Heinrich
A *2:* 394–95
Besieged, defined
BPS 279
Betanzos, Juan de
A *1:* 168–69, 239–40, 244–45
BPS 2–3, 9, 21–31, 57, 58
The Bible
BPS 58
Big Hand
A *2:* 449
Bingham, Hiram
A *1:* 164
Bioglyphs
A *1:* 76, 80–81, 82 (ill.), 84
Bird imagery
BPS 82, 84, 132, 146 (ill.)

Birth glyphs
A *2:* 395
BPS 107
Birú
A *1:* 247
Black Tezcatlipoca
A *2:* 503
Bloodletting rituals
A *2:* 378–80, 382
Blue Tezcatlipoca. *See* Huitzilopochtli
Boats, seaworthy
A *1:* 27–28
Bodleian Library
BPS 217
Bonampak murals
A *2:* 403, 403 (ill.), 404–5
Book of Council. *See also Popol Vuh*
A *2:* 376, 404
Books. *See* Codices
Boone, Elizabeth Hill
BPS 209–10
Borgia Group Codices
BPS 198–99
Borgia, Stefano
BPS 204
Boundary stones
BPS 27
Bowls. *See* Pottery
Brain surgery
A *1:* 218–19
Bread
BPS 47–48
Brezine, Carrie
BPS 38
Bridges
A *1:* 216
BPS 17
"Broken Spears"
A *2:* 546
BPS 271, 272
Bronze ingots
A *1:* 148–49
Buchanon Dana
BPS 23
Building J
A *2:* 305–6, 312
Bundle of years
BPS 182–83, 239
Burger, Richard L.
A *1:* 62, 65

Burial chambers
BPS 132–34
 kingdom of Chimor, **A** *1:* 140, 150–51
 Maya, **A** *2:* 360, 400
 Moche, **A** *1:* 93, 95
 Zapotec, **A** *2:* 310
Burial offerings
 A *2:* 262
Burial practices. *See also* Mummies
 BPS 130–34
 early Mesoamerican, **A** *2:* 268
 Inca, **A** *1:* 239–40
 Maya, **A** *2:* 356–57, 360
Butz' Chan
 BPS 113, 114, 117
Butz'ah Sak Chik
 BPS 131
Byland, Bruce E.
 BPS 195, 200

C

Cabello de Balboa, Miguel
 A *1:* 145–46
Cacamatzin
 BPS 266
Cacao bag
 A *1:* 213 (ill.)
Cacao beans
 A *2:* 420 (ill.), 431 (ill.)
 BPS 176
 chocolate from, **A** *2:* 422, 430–31
 defined, **A** *2:* 416, 478
 as money, **A** *2:* 498
Caciques
 BPS 24, 25, 26, 27–29, 265, 266
Cactus
 BPS 215, 217
Cactus beverage
 A *2:* 447, 524–25
Cactus, San Pedro
 A *1:* 70
Caesar, Julius
 BPS 97–98
Cahuachi, Peru
 A *1:* 76–77

Caiman imagery
 A *1:* 69; *2:* 292
Cajamarca, Peru
 A *1:* 158 (ill.), 174, 249–51
 BPS 4, 14, 55–56, 60, 66–67, 67 (ill.)
Calakmul, Guatemala
 A *2:* 357, 385
Calculators. *See* Quipu
Calendar Round system
 A *2:* 307, 312
 BPS 97, 98
Calendar Stone. *See* Aztec Sun Stone
Calendars. *See also* Sacred calendars; Solar calendars
 Aztec, **A** *2:* 506, 512–13; **BPS** 153–54, 182–84, 200, 205, 217–18, 239
 bar and dot system and, **BPS** 87, 91, 95
 Calendar Round system, **A** *2:* 307, 312
 52-year cycle, **A** *2:* 377–78, 410, 506; **BPS** 97, 102, 182–83, 217–18, 239
 Gregorian, **BPS** 94, 97
 Inca, **A** *1:* 219–20
 Julian, **BPS** 97–98, 107–8
 Long Count, **A** *2:* 283–84, 294, 410–11; **BPS** 78, 93, 101–9, 104 (ill.), 105 (ill.), 106 (ill.), 205
 Maya, **A** *2:* 354, 377–78, 406–11, 409 (ill.); **BPS** 73, 76, 91, 93–99, 96 (ill.), 205
 Mixtec, **BPS** 205
 modern, **BPS** 94, 97
 Nazca line drawings as, **A** *1:* 82
 Olmec, **A** *2:* 283–84, 294, 296, 306; **BPS** 82, 84, 93
 Roman, **BPS** 97–98
 Teotihuacán, **A** *2:* 331
 three calendar system, **BPS** 93–94
 two-calendar systems, **A** *2:* 283–84, 294, 296, 306

Zapotec, **A** *2:* 306–7, 312; **BPS** 93
Callanca
 A *1:* 156
Callancas
 BPS 15
Calmecac
 A *2:* 463, 493–94, 523
 BPS 221–22
Calpullec
 A *2:* 491
Calpulli
 A *2:* 478, 491, 495, 498, 502, 517
Camayocs
 BPS 34
Camelids. *See also* Alpaca; Llamas
 A *1:* 36, 42–43
Canals. *See also* Irrigation
 A *1:* 61, 110–11
 BPS 26–27
 Aztec, **A** *2:* 461–62, 464
 kingdom of Chimor, **A** *1:* 152
 Maya, **A** *2:* 424–25
Canatares mexicanos
 A *2:* 519
Cancu
 BPS 47–48
Cancuen, Guatemala
 A *2:* 416–19, 418 (ill.)
Cantares mexicanos
 BPS 160, 231, 271
Capac Raymi
 A *1:* 207–8
Capac Yupanqui
 A *1:* 170 (ill.), 171
Captain-General, defined
 BPS 279
Captives. *See* Prisoners of war
Caracol
 A *2:* 367
Caral, Peru
 A *1:* 49–54, 51 (ill.)
 BPS 7
Caravanserai
 A *1:* 138
Carbon
 BPS 27
Casma Valley, Peru
 A *1:* 143, 144

Casper
  BPS 131
Castedo, Leopold
  A *2:* 490
Castillo
  A *1:* 64–65
Cat imagery. *See* Feline imagery
Catherwood, Frederick
  A *2:* 334–38, 340, 345, 362, 364
  BPS 124
Catholicism. *See* Christianity
Cauac Sky
  A *2:* 399
  BPS 116
Caucasoid features
  A *1:* 29, 31
Causeway
  BPS 265
Cave paintings
  A *1:* 42
Caves
  A *2:* 324, 377
Ce Acatl
  BPS 162
Celibacy
  BPS 164
Cempoala, Mexico
  A *2:* 537
  BPS 242
Cenotes
  A *2:* 348, 365, 368, 416, 424
Central Acropolis
  A *2:* 355
Ceque
  A *1:* 200
Ceramics. *See* Pottery
Ceremonial centers. *See also* specific sites
  BPS 82, 127
  vs. cities, **A** *1:* 48
  defined, **A** *1:* 2, 36, 60, 76, 88; *2:* 262, 277, 300, 316, 348
  early Andean, **A** *1:* 35–36
Cerro Baúl, Peru
  A *1:* 126–27, 127 (ill.), 135
Cerro Blanco, Peru
  A *1:* 89–92, 96, 102
Cerro Sechín, Peru
  A *1:* 56, 56 (ill.)

Cerro Victoria, Peru
  A *1:* 165
Chac
  A *2:* 375
Chacmool
  A *2:* 438, 443, 455, 455 (ill.)
Chalca
  BPS 178
Chalcatzingo, Mexico
  A *2:* 284–85
Chalchihuites
  BPS 187, 266
Chalco, Mexico
  BPS 173
Chan Bahlum
  A *2:* 359, 361
Chan Bahlum I
  BPS 131
Chan Bahlum II
  BPS 127, 130, 131, 134–35
Chan Chan, Peru
  A *1:* 137, 139–42, 151 (ill.)
  architecture, **A** *1:* 140–42, 140 (ill.), 141 (ill.)
  Inca defeat of, **A** *1:* 152–53
  kingdom of Chimor and, **A** *1:* 143, 147
  location of, **A** *1:* 139 (ill.)
Chancas
  A *1:* 172–73, 179, 190
  BPS 8, 12–13
Charisma
  A *2:* 372
Charles V
  A *2:* 538, 539 (ill.)
  BPS 212
Chasqui
  A *1:* 180, 192, 193 (ill.)
Chavín culture
  A *1:* 11, 59–73
  architecture, **A** *1:* 64–65, 64 (ill.), 65 (ill.)
  arts and sciences, **A** *1:* 70–72, 71 (ill.)
  decline of, **A** *1:* 72
  economy, **A** *1:* 67–69
  government, **A** *1:* 67
  history, **A** *1:* 65–67
  location of, **A** *1:* 60, 62 (ill.)

religion, **A** *1:* 59, 66, 68, 69–70
Chavín de Huántar, Peru
  A *1:* 59–69, 62 (ill.), 65 (ill.)
  New Temple, **A** *1:* 64–65, 69–70
  Old Temple, **A** *1:* 61–64, 63 (ill.), 64 (ill.), 66, 69–70
Chewing gum
  A *2:* 435
Chiapas, Mexico
  BPS 101
Chicha
  A *1:* 36, 122, 131, 156, 233
  BPS 57
Chichén Itzá, Mexico
  BPS 78, 79, 165, 167
  architecture, **A** *2:* 366 (ill.), 387 (ill.)
  ball courts, **A** *2:* 383 (ill.)
  government, **A** *2:* 388
  rise and decline of, **A** *2:* 347, 365–68, 387–88
  Toltec and, **A** *2:* 444–45
Chichimecs
  A *2:* 445–46, 456, 466
Chichle trees
  A *2:* 435
Chiefdoms
  defined, **A** *1:* 88; *2:* 300, 348, 438
  Maya, **A** *2:* 352–53
  Moche, **A** *1:* 93, 96
  Moundbuilders, **A** *2:* 452
Chieftains
  BPS 266
Chikchan 3 Sek
  BPS 104
Chilam Balam
  BPS 148–49
Child of the Sun
  BPS 26
Children
  Aztec, **A** *2:* 522–23
  Maya, **A** *2:* 425–30
  of nobles, **A** *1:* 237
  sacrifice of, **A** *1:* 205; *2:* 511
  working class, **A** *1:* 230–31; *2:* 523

Chili peppers
  A *1:* 233; *2:* 429
Chimalma
  BPS 162
Chimalpopoca
  A *2:* 484
  BPS 172
Chimor. *See* Kingdom of Chimor
Chimpu Ocllo, Isabel Suarez
  BPS 41–42
Chimú. *See* Kingdom of Chimor
China
  A *1:* 5
Chinampa
  A *2:* 458, 461–62, 465, 478, 496–97, 497 (ill.)
Chincasuyu
  A *1:* 158
Chinchorro
  A *1:* 6, 41
Chinese migrants
  A *1:* 32
Choclo
  BPS 27
Chocolate
  A *2:* 422, 430–31, 524
Cholula, Mexico
  A *2:* 445, 538
  BPS 250, 254
Cholulans
  A *2:* 538
Chosen women
  A *1:* 206–7, 207 (ill.), 208 (ill.), 212
  BPS 4, 15, 43–48, 48 (ill.)
Chot, Peru
  A *1:* 146
Chotuna, Peru
  A *1:* 146
Christianity. *See also* Missionaries
  Atahuallpa and, **A** *1:* 250; **BPS** 58, 61
  Aztec and, **A** *2:* 547; **BPS** 159, 280–81
  conversion to, **A** *1:* 168; *2:* 547
  Malinche and, **BPS** 253, 257
  Maya and, **A** *2:* 343, 433–34; **BPS** 75, 79
  Nezahualcoyotl and, **BPS** 227
  Quiché Maya and, **BPS** 139, 141
Chronicle of Peru (Cieza de León)
  A *1:* 169
Chroniclers. *See also* Spanish chronicles
  A *1:* 156, 242; *2:* 530
Chronicles of Cabello de Balboa (1581)
  A *1:* 145–46
Chuños
  A *1:* 234
  BPS 27
Chuspa
  BPS 47
Cieza de León, Pedro
  A *1:* 169
  BPS 15
Cihuacoatl
  A *2:* 489, 526
  BPS 172
Citadels
  BPS 142
Cities
  A *1:* 48, 53
Citua festival
  BPS 48
City-states
  BPS 74
  Aztec, **A** *2:* 459
  defined, **A** *1:* 2; *2:* 300, 334, 348, 372, 458
  Maya, **A** *2:* 384–85
  Sumerian, **A** *1:* 9
  Zapotec, **A** *2:* 306
Ciudadela
  A *1:* 139–42, 150, 151–52; *2:* 319
Cival, Guatemala
  A *2:* 349–51
Civil war
  A *1:* 243–47
  BPS 8, 51, 54–55
Civilization. *See also* specific civilizations
  A *1:* 4–5, 6, 9
Classic era
  BPS 73–75, 78, 108, 111, 135
Class system
  Aztec, **A** *2:* 488–92
  Caral, **A** *1:* 51
  Chavín, **A** *1:* 69
  development of, **A** *1:* 6
  Inca, **A** *1:* 184, 223–25
  Maya, **A** *2:* 384–86, 385 (ill.), 388, 421
  Mexico, **A** *2:* 548
  Olmec, **A** *2:* 288–89
  Tiwanaku, **A** *1:* 115
  Zapotec, **A** *2:* 307–8
Classic era
  A *2:* 341, 353–65, 383–85, 398, 401, 420
Clay, white
  A *2:* 285
Clendinnen, Inga
  A *2:* 492, 499
  BPS 242–43, 256
Cliff carvings
  A *2:* 285
Cliff dwellings
  A *2:* 453
Cloaks
  BPS 266
Cloth. *See* Textiles
Clothing
  BPS 47, 179, 266
  Aztec, **A** *2:* 525
  Inca, **A** *1:* 235–36, 238–39, 238 (ill.)
  Maya, **A** *2:* 429–30
  nobles, **A** *1:* 238–39, 238 (ill.)
  working class, **A** *1:* 235–36
Cloud People. *See* Zapotecs
Cloud Serpent
  A *2:* 446
  BPS 162
Clovis First theory
  A *1:* 24–25, 27, 28, 32
Clovis points
  A *1:* 24–25, 25 (ill.), 28
Coanacoch
  BPS 277, 279, 280
Coat of armor
  A *2:* 495
Coatlicue
  A *2:* 504–5, 507–8, 509 (ill.)
Coatzacoalcos
  BPS 178, 262

Cobá
  A 2: 387
Cobata head
  A 2: 283
Cobo, Bernabé
  A 1: 168, 202–3, 214
  BPS 17
Coca
  A 1: 218
Cocijo (Rain God)
  A 2: 309
Codex. See also Codices
  Aztec, A 2: 469, 516–18
  burning, A 2: 547
  defined, A 2: 334, 392, 458, 502
  Maya, A 2: 343–44, 344 (ill.), 400–1
Codex Borgia
  BPS 154, 158, **195–207**, 200 (ill.), 203 (ill.)
Codex Mendoza
  BPS 154, 159–60, **209–19**, 216 (ill.)
Codices
  Aztec, BPS 154, 158, 195–207, 209–19, 210 (ill.)
  Borgia Group, BPS 198–99
  Codex Borgia, BPS 154, 158, 195–207, 200 (ill.), 203 (ill.)
  Codex Mendoza, BPS 154, 159–60, 209–19, 216 (ill.)
  colonial, BPS 210–11
  destruction of, BPS 79, 139, 159, 196, 210–11, 231
  Dresen Codex, BPS 149, 197
  Florentine Codex, BPS 281–82
  Grolier Codex, BPS 149, 197
  hidden, BPS 232
  Madrid Codex, BPS 149, 197
  Maya, BPS 75, 76, 79, 149, 197
  Mixtec, BPS 197–98
  Paris Codex, BPS 149, 197
  post-Classic era, BPS 138
  pre-Hispanic, BPS 196–99
  songs of, BPS 221–22, 231
Coe, Michael D.
  on Aztecs, A 2: 483, 522
  on hunter-gatherers, A 1: 33–34
  on Maya culture, A 2: 392–93, 402
  on Moundbuilders, A 2: 452–53
  on Olmecs, A 2: 288
  on Toltec culture, A 2: 441–42
Cohen, J. M.
  BPS 261–62
Colca
  A 1: 156
Colcas
  BPS 15
Collasuyu
  A 1: 158
Colloa
  BPS 14
Colloa, Peru
  A 1: 173
Colonial codices
  BPS 210–11
Colonies
  defined, A 1: 106, 122; 2: 316
  Inca, A 1: 189–90
  Teotihuacán, A 2: 325–26
  Wari, A 1: 123, 130, 131–32
Coluacan pueblo
  BPS 216
Columbus, Christopher
  A 2: 419–20, 452
Commentarios reales de los Incas. See *Royal Commentaries of the Incas and General History of Peru* (Garcilaso)
Common people. See Working class
Companion spirits
  A 2: 289–90, 377
Complex for Astronomical Commemoration
  A 2: 354
Conception
  BPS 145
Concubines
  BPS 276
Confederations
  BPS 29
Conqueror gods
  BPS 167
Conquest of New Spain. See *Historia verdadera de la conquista de Nueva España*
Conquest slabs
  A 2: 305, 305 (ill.), 311–12
Conquistadores. See also Spanish conquest
  A 1: 156, 242; 2: 334, 348, 534–35
Constantine I
  BPS 98
Controversial
  A 1: 20
Convents
  BPS 45
Copán, Honduras
  Altar Q, A 2: 364–65, 364 (ill.)
  architecture, A 2: 335–36, 336 (ill.); BPS 73, 76, 78
  Great Plaza, BPS 112–16
  Hieroglyphic Staircase, BPS 76, 115 (ill.), 116, 124
  rediscovery of, A 2: 335–36, 338
  rise and decline of, A 2: 333, 361–65
  rulers of, BPS 78, 112–16
  stelae and monuments, A 2: 363 (ill.), 399; BPS 111–26, 120 (ill.), 121 (ill.), 122 (ill.), 123 (ill.)
Copper ingots
  A 1: 148–49
Copper metalwork
  A 1: 101–2
Copper mines
  A 1: 228
Cordillera Occidental
  A 1: 38
Cordillera Oriental
  A 1: 38
Córdoba, Francisco Fernández de
  A 2: 368–69

Coricancha (Temple of the Sun)
A *1:* 159, 202, 203 (ill.), 204; *2:* 361
BPS 15
Corn. *See* Maize
Corn harvest ceremony
A *1:* 207
Cortés, Hernán
BPS 251 (ill.)
arrival of, A *1:* 12; *2:* 534–36
Charles V and, A *2:* 538, 539 (ill.)
Cuauhtémoc and, BPS 279, 280
crew of, A *2:* 535–36
Díaz, Bernal on, A *2:* 468; BPS 262, 266–68
epidemics and, A *2:* 542–43
Gómara on, BPS 262–63
life of, A *2:* 534–35; BPS 250–51
Malinche and, BPS 155, 158–59, 247–48, 251–57, 254 (ill.), 277
map of Tenochtitán, BPS 264 (ill.)
Maya and, BPS 249, 252
Montezuma II and, A *2:* 448, 454, 536–43; BPS 168, 189, 241–45, 250, 254–57, 266–68, 267 (ill.)
Quetzalcoatl and, BPS 167–68
route of, A *2:* 538 (ill.)
Tenochtitlán and, BPS 273–74, 273 (ill.)
Cortés, Martín
BPS 258
Cota Coca, Peru
A *1:* 165
Cotton *quipu*
A *1:* 52, 212
BPS 39
Cotton pre-Ceramic era
A *1:* 44–48
Counting boards
A *1:* 217
Counting cord devices. *See* Quipu

Coya. See also Principal wives
A *1:* 180, 182, 207, 222, 223
Coyocacan, Mexico
BPS 264, 266
Crafts industry. *See also* Artisans
Aztec, A *2:* 497–98
Inca, A *1:* 224
kingdom of Chimor, A *1:* 148–49
Teotihuacán, A *2:* 326–27
Craniometric analyses
A *1:* 29
Creation myths
BPS 141, 143–47, 145 (ill.), 165
Aztec, A *2:* 324–25, 503, 505–8
Inca, A *1:* 118–19, 167, 170–73, 201–2, 202 (ill.)
Maya, A *2:* 352
Teotihuacán, A *2:* 324–25
Toltec, A *2:* 451
Creator God. *See* Viracocha
Creole
A *2:* 530, 548
Crime
A *1:* 193–94
Cross-eyes
A *2:* 432
Crown, basket-weave
BPS 117
Cu Ix
BPS 113
Cuanuhnahuac, Mexico
A *2:* 484
Cuauhtémoc
A *2:* 544, 545–46
BPS 245, 251, 273–75, 277, 279
Cuauhxicalli
BPS 184
Cuba
BPS 250
Cuicamatl
BPS 221–22
Cuicuilco, Mexico
A *2:* 322
Cuitláhuac
A *2:* 543–44
BPS 267, 273

Culhuacán, Mexico
A *2:* 467–68
BPS 161, 162, 215
Culhua-Mexicas
A *2:* 468
Cults
Aztec, A *2:* 468, 492
Chavín, A *1:* 59
defined, A *1:* 60
Toltec, A *2:* 443, 449–50, 451, 455
Cultural groups
A *2:* 277
Culture. *See also* specific civilizations
A *1:* 2, 20, 60, 88
Culua-Mexica. *See* Aztecs
Cumbi cloth
A *1:* 212
Cuntisuyu
A *1:* 158
Curaca
A *1:* 180, 185, 187, 193, 222
BPS 47
Curare
A *1:* 218
Cusma
BPS 47
Cuxirimay Ocllo. *See* Yupanqui, Doña Angelina
Cuzco, Peru
acllahuaci, BPS 45–46, 49
architecture, BPS 14–16, 16 (ill.), 45 (ill.)
chosen women of, BPS 43–48
establishment of, A *1:* 8
gold and silver from, BPS 60
Incas and, A *1:* 157–58, 159–65, 171, 237
kingdom of Chimor and, A *1:* 152
location of, A *1:* 158 (ill.)
map of, A *1:* 11 (ill.)
modern architecture, A *1:* 258 (ill.)
Pachacutec and, A *1:* 174; BPS 1, 12–13, 14–16, 25–29
pre-Inca, BPS 2

Spanish attack on, *A 1:* 10, 251–54, 253 (ill.)
Spanish conquest of, **BPS** 43, 49, 69–70
Temple of the Sun, **BPS** 15, 45, 60
Cuzco Valley, Peru
  A 1: 124

D

Daily life
  BPS 213
Dais
  BPS 268
Dance
  A 1: 213; *2:* 514
Dani Biaa. See Monte Albán, Mexico
Daring, defined
  BPS 265
Dates. *See* Long Count
Davies, Nigel
  A 1: 143, 151
Daykeepers
  BPS 149
Day names
  A 2: 306–7, 311, 331, 407–8, 513
  BPS 186, 202–4
Days of the Dead
  A 2: 549–50, 549 (ill.)
Death glyphs
  A 2: 395
  BPS 107
Death penalty
  A 1: 194
Decimal number systems
  BPS 35, 88, 90
Decipher
  A 2: 392, 416
Deforestation
  A 2: 435
Deities. *See also* Gods
  A 1: 60, 88; *2:* 502
Demarest, Arthur
  A 2: 416–19
Democracy
  A 2: 479
Dental studies
  A 1: 32

Desert culture
  A 2: 264–65
Desert line drawings
  A 1: 75–76, 79–84, 80 (ill.), 82 (ill.)
Desolate, defined
  BPS 280
Díaz, Bernal. *See also Historia verdadera de la conquista de Nueva España*
  A 2: 468–69, 534, 539
  BPS 155, 160, **261–70**
on Cortés, **BPS** 262, 266–68
Entrance into Mexico, **BPS** 265–68
life of, **BPS** 261–62
on Malinche, **BPS** 248–49, 252–53, 256–57, 266, 268
on Tenochtitlán, **BPS** 263–69, 276
writings of, **BPS** 262–63
Diehl, Richard
  A 2: 288
Dignitaries
  BPS 266
Dikes
  BPS 176–77, 225
Dillehay, Tom
  A 1: 25–26, 27
Diseases. *See also* Epidemics; Smallpox
influenza, *A 2:* 369
malaria, *A 2:* 334
measles, *A 2:* 369, 542–43
Divine right
  A 1: 146–47; *2:* 398
Divorce
  A 2: 426, 520
Dogs
  A 2: 524
Domains
  BPS 29
Domestic animals. *See also* Alpaca; Llamas
early Andean, *A 1:* 43
early Mesoamerican, *A 1:* 5
Maya, *A 2:* 425
Doña Ana
  BPS 277
Doña Isabel
  BPS 277

Doña Maria
  BPS 277
Doña Marina. *See* Malinche
Doña Marina (Daughter of Montezuma)
  BPS 277
Donnan, Christopher
  A 1: 94, 95, 101
Doorkeepers
  BPS 46
Dot and glyph number systems
  A 2: 511–12
Doyle, Arthur Conan
  A 2: 354
Drama
  A 1: 216
Drawings
  BPS 65–66
Dresden Codex
  A 2: 401, 411
  BPS 149, 197
Drinking rituals
  A 1: 131
Drinking water
  BPS 176–77, 225
Drought
  defined, *A 1:* 36, 88
  Moche and, *A 1:* 102
  Tiwanaku and, *A 1:* 120
  Wari and, *A 1:* 135
Drugs, hallucinogenic. *See* Hallucinogenic drugs
Drums
  A 2: 514
Dyes
  A 1: 212
Dysentery
  BPS 274

E

Eagle bowl
  BPS 184
Eagle Knights
  A 2: 493
Eagle sign
  BPS 214, 215, 217
Early American civilizations. *See also* specific civilizations
  A 1: 1–17

Early Andeans
  A *1:* 8–12, 8 (ill.), 10 (ill.), 35–57, 39 (ill.)
  BPS 7–8, 34
  after Caral, A *1:* 54–56
  agriculture, A *1:* 35, 43, 44 (ill.), 52
  Cotton pre-Ceramic era, A *1:* 44–48
  hunter-gatherers, A *1:* 39–41
  Norte Chico discoveries, A *1:* 49–54
  warfare and, A *1:* 55–56
  year-round settlements, A *1:* 41–43
Early Classic era
  A *2:* 268–69
Early Mesoamericans
  A *2:* 261–73
  agriculture, A *2:* 264–65
  culture, A *2:* 269–71
  desert culture, A *2:* 264–65
  first Mesoamericans, A *2:* 263–64
  glyphs, A *2:* 271–72
  location of, A *2:* 263 (ill.)
  pre-Olmec, A *2:* 266–69
  timeline of, A *2:* 268–69
  village settlements, A *2:* 265–66
Early post-Classic era
  A *2:* 269
Early Mesoamerican peoples
  BPS 74
Earplugs
  A *1:* 184, 208, 237, 239
  BPS 24
Earth Goddess
  A *1:* 202; *2:* 504–5, 507–8, 509 (ill.)
Earthquakes
  A *1:* 39, 87, 102; *2:* 509
East Plaza
  A *2:* 355
Eclipse
  A *2:* 412
Economy
  Aztec, A *2:* 477–79, 481, 483–85, 487, 495–99
  Caral, A *1:* 51–52
  Chavín, A *1:* 67–69
  Inca, A *1:* 194–97; **BPS** 24–25

kingdom of Chimor, A *1:* 148–50
Maya, A *2:* 415–25
Moche, A *1:* 99
Teotihuacán, A *2:* 325, 326–27, 419
Tiwanaku, A *1:* 115–18
Toltec, A *2:* 450–51
Ecosystems
  A *1:* 36, 106
Egalitarian society
  A *1:* 2, 7; *2:* 530
Egypt
  A *1:* 5, 6
Ehecatl
  A *2:* 463, 505 (ill.)
  BPS 165
Ehecatonatiuh
  BPS 183, 185
18 Rabbit
  A *2:* 362, 399
  BPS 76, 78, 113, 114–23, 124
El Inca. *See* Garcilaso de la Vega
El Manatí
  A *2:* 280–81
El Mirador, Guatemala
  A *2:* 351–53
El Niño
  defined, A *1:* 36, 88
  early Andeans and, A *1:* 39
  Moche and, A *1:* 87
  Nazca and, A *1:* 85
El Paraíso, Peru
  A *1:* 47–48, 48 (ill.)
El Tajín
  A *2:* 445
El Tigre Pyramid
  A *2:* 351
"Elegies on the Fall of the City"
  BPS 160, 276–80
11 Rabbit
  BPS 131
Elite. *See also* Nobles
  A *1:* 88, 138; *2:* 262, 277, 300, 316, 334–35, 372, 392, 416, 438
  BPS 82
Eloquence, defined
  BPS 144

Emergence, defined
  BPS 143
Empire
  A *1:* 2, 106, 122, 138, 156, 180, 200, 222, 242; *2:* 316, 458, 478, 502, 530
Encomendero
  A *2:* 548
Encomienda
  A *2:* 530, 535, 548
  BPS 262, 269, 281
Entertainment
  A *2:* 431–33
Epidemics. *See also* Smallpox
  BPS 8, 51, 53, 78–79, 159, 273–74
  Aztec and, A *2:* 542–43, 544
  defined, A *1:* 242
  Incas and, A *1:* 176, 244–45, 247, 257
  influenza, A *2:* 369
  Lacandón Maya and, A *2:* 435
  Maya and, A *2:* 369
  measles, A *2:* 369, 542–43
  Spanish conquest and, A *2:* 542–43
Epi-Olmec script
  A *2:* 295
Equinox
  A *2:* 348, 392, 412
Espiritu Pampa, Peru
  A *1:* 158 (ill.), 164
Estrada-Belli, Francisco
  A *2:* 349
Ethnic groups
  A *1:* 235
Europeans. *See also* Missionaries; Spanish conquest
  A *1:* 176
Evolution
  A *1:* 20
Excavations
  A *1:* 2, 20, 36–37; *2:* 277, 316
Exports. *See also* Trade
  A *1:* 138

F

Fagan, Brian
  A *1:* 101, 159; *2:* 290, 296–97, 343, 455

BPS 175–76
"The Fall of Tenochtitlan"
  BPS 277–78
Famine
  A 1: 196; 2: 473, 509–10
  BPS 176–77
Farfán, Peru
  A 1: 139 (ill.), 142, 143
Farmers. *See also* Agriculture; Working class
  A 1: 224–26
Farming. *See* Agriculture
Feathered Serpent God. *See* Quetzalcoatl
Feline imagery
  Chavín, A 1: 69–70, 70 (ill.), 71 (ill.), 72
  defined, A 1: 61
  Moche, A 1: 96–97
Felipillo
  BPS 56, 58, 66–67, 67 (ill.)
Fernández de Córdoba, Francisco
  BPS 78
Fertile Crescent
  A 1: 9
Fertility rites
  A 1: 47; 2: 316
Fertilizers
  A 2: 465, 496–97
Festival of the Sun
  A 1: 207, 208–10, 210 (ill.)
Festivals
  Inca, A 1: 207, 221, BPS 48
  Maya, A 2: 432–33
  Wari, A 1: 131, 236
  working class and, A 1: 236
Feudal system
  BPS 266
Fifth Sun legend
  A 2: 324–25, 505–7
52-year cycle
  A 2: 377–78, 410, 506
  BPS 97, 102, 182–83, 217–18, 239
Fire gods
  BPS 185
Fire Serpents
  BPS 188
First Americans
  A 1: 19–34

Bering Land Bridge theory, A 1: 23–25, 24 (ill.), 27–28, 32
Clovis First theory, A 1: 24–25, 27, 28, 32
Great Ice Age and, A 1: 22–23
life of, A 1: 33–34
Mesoamerican, A 2: 263–64
Paleoamerican origins, A 1: 28–31
seaworthy boats for, A 1: 27–28
First Mother Goddess
  BPS 129, 134
First New Chronicle and Good Government (Poma de Ayala)
  A 1: 169
First Step Shark
  A 2: 357
Fishing
  A 1: 149–50
Flaming sign
  BPS 188
Flayed One
  A 2: 309
Floating gardens
  A 2: 461–62, 496–97
Floods
  A 2: 288
  BPS 176–77, 225
Florentine Codex
  A 2: 469
  BPS 281–82
Flour
  A 1: 233–34
"Flower and songs"
  BPS 226, 228, 277
Flower gods
  BPS 199–200
Flower wars
  A 2: 472, 473, 486
  BPS 174, 238–39
"Flowers and Songs of Sorrow"
  BPS 279–80
Flu
  A 2: 369
Food. *See also* Agriculture; Maize
  Aztec, A 2: 524–25; BPS 175–78

bread, BPS 47–48
Inca, A 1: 233–35
Maya, A 2: 428–29
surplus, BPS 25, 27–28
Foot plows
  A 1: 227
Forced labor
  BPS 64
Fourfold, defined
  BPS 143
400-year cycles
  BPS 94
Fractions
  BPS 90
Freedom, individual
  A 1: 7
Freidel, David
  A 2: 352, 366
Friezes
  A 1: 37, 61, 106, 138
Frost, Peter
  A 1: 165
Fruition, defined
  BPS 147
Furniture
  A 2: 428

G

Galindo, Peru
  A 1: 92, 102
Gallinazo
  A 1: 96
Garcilaso de la Vega
  A 1: 169
  BPS 3–4, 9, 13, **41–50**, 42 (ill.)
Garcilaso de la Vega, Sebastian
  BPS 41–42
Garibay, Angel Maria
  BPS 271
Gateway God
  A 1: 112, 112 (ill.)
Gateway of the Sun
  A 1: 112, 112 (ill.)
General History of Things in New Spain. *See* Florentine Codex
Genetics, Amerindian
  A 1: 31–32
Gentiles
  BPS 47

Geoglyphs
  A *1:* 75–76, 79–84, 80 (ill.)
Geography, sacred
  A *1:* 70
Gestures of obeisance
  BPS 29
Giver of Life
  BPS 279
Glyphs
  Altar Q, **BPS** 113–14
  Aztec, A *2:* 515–16; **BPS** 154, 186, 209
  birth, A *2:* 395; **BPS** 107
  calendar, **BPS** 95
  day-name, **BPS** 186, 202–4
  death, A *2:* 395; **BPS** 107
  deciphering, A *2:* 394–96
  defined, A *2:* 262, 277, 300, 316, 334, 348, 372, 392, 394, 416, 502
  early Mesoamerican, A *2:* 271–72
  Hieroglyphic Staircase, A *2:* 359–60, 362, 364, 399–400
  Initial Series Introductory Glyph, **BPS** 104
  Maya, A *1:* 16; *2:* 271, 341–45, 342 (ill.), 357, 362–64, 391–96, 396 (ill.); **BPS** 39, 74–76, 83, 91, 95, 107, 113–25, 128, 138
  in number systems, A *2:* 511–12
  Mixtec, **BPS** 198
  Olmec, A *2:* 271, 294–96
  Olmec Stone Roller Stamp, **BPS** 81–86
  post-Classic era, **BPS** 138
  on pottery, A *2:* 402
  Quiriguá, **BPS** 119, 119 (ill.)
  Stela A, **BPS** 117–23
  Temple of Inscriptions, A *2:* 359–60, 400; **BPS** 132
  Teotihuacán, A *2:* 331
  Zapotec, A *2:* 271, 303, 307, 311–12; **BPS** 81, 84–85
Goddess, First Mother
  BPS 129, 134
Goddesses
  Aztec, A *2:* 504–5, 507–8, 509 (ill.)
  Inca, A *1:* 202
  Maya, A *2:* 373
  Teotihuacán, A *2:* 327–28
Gods. *See also* Rain Gods; Religion; Sun Gods
  Aztec, A *2:* 463, 467, 483, 503–4
  Borgia Group Codices on, **BPS** 198–201
  Chavín, A *1:* 63–64, 69, 70 (ill.)
  conqueror, **BPS** 167
  creator, **BPS** 141, 143–47, 145 (ill.), 165
  fire, **BPS** 185
  flower, **BPS** 199–200
  Inca, A *1:* 202–3
  kingdom of Chimor, A *1:* 150, 151–52
  maize, **BPS** 129
  Maya, A *2:* 349–51, 352, 372–75
  Nezahualcoyotl and, **BPS** 225–27, 228
  Olmec, A *2:* 289–90
  rain, **BPS** 177, 183, 200, 244
  sacrifice of, A *2:* 324–25, 505–6
  sea, **BPS** 141
  sky, **BPS** 141
  snake-footed, **BPS** 118
  Teotihuacán, A *2:* 328 (ill.), 329
  Tiwanaku, A *1:* 112–13, 112 (ill.)
  Toltec, A *2:* 448
  water, **BPS** 185
  wind, **BPS** 165, 183, 185
  Zapotec, A *2:* 309
Gold
  A *1:* 247–48, 249–51, 254
  BPS 59–60, 69, 266, 268
Gold artwork
  Chavín, A *1:* 71 (ill.)
  kingdom of Chimor, A *1:* 147 (ill.)
  Moche, A *1:* 101 (ill.)
Gold mines
  A *1:* 228

Gómara, Francisco López de
  BPS 262–63
Goods, surplus
  BPS 25, 27–28
Government
  BPS 18, 24, 82
  authoritarian, A *1:* 122
  Aztec, A *2:* 472, 477–95
  Chavín, A *1:* 67
  defined, A *1:* 2
  development of, A *1:* 6–7
  kingdom of Chimor, A *1:* 146–48
  Maya, A *2:* 371–89, 430–31
  Moche, A *1:* 96–99
  Nazca, A *1:* 79
  nomads and, A *1:* 1
  Spanish, A *2:* 548
  Tiwanaku, A *1:* 114–15
  Valley of Mexico, A *2:* 466
  Zapotec, A *2:* 306–9
Grains
  A *1:* 4, 6, 233–34
Grant holders
  A *2:* 548
Gray, Martin
  A *2:* 366
Great Ball Court
  A *2:* 367, 368
Great cycle
  BPS 108
Great Festival
  A *1:* 207–8
Great Ice Age
  A *1:* 22–23, 22 (ill.), 42
Great Plaza
  A *2:* 305, 355, 355 (ill.)
  BPS 112–16
Great Pyramid
  A *2:* 354
Great Speaker
  A *2:* 488
  BPS 173, 235
Great White Peccary
  BPS 143–47
Gregorian calendars
  BPS 94, 97–98
Gregory XIII (Pope)
  BPS 98
Grolier Codex
  A *2:* 401
  BPS 149, 197

Group of the Thousand
    Columns
    A *2:* 367
Guanaco
    A *1:* 37, 42, 43, 106
Guano
    A *1:* 99
Guidon, Niede
    A *1:* 27
Guilds
    A *1:* 149

H

Haab. See Solar calendars
Haas, Jonathan
    A *1:* 54
Hairstyles
    A *2:* 430
Hakluyt, Richard
    BPS 217
Hallucinogenic drugs
    Chavín and, **A** *1:* 70
    defined, **A** *1:* 61, 122; *2:* 277, 372
    Maya and, **A** *2:* 378
    Olmec and, **A** *2:* 289–90
    Wari and, **A** *1:* 132
Hamilton, Roland
    BPS 23
Hanan
    A *1:* 156
Harpies
    A *2:* 292
Harqubus
    A *1:* 242
Harvest Mountain Lord
    A *2:* 295
Head sculptures
    A *2:* 276, 280, 281 (ill.), 282, 292
Head shape
    A *2:* 432
Headbands
    BPS 47
Headdress
    BPS 117, 243 (ill.)
Health. *See* Medicine
Heart of Earth
    BPS 141
Heart of Sky
    BPS 141

Heart of the Lake
    BPS 141, 143–47
Heart of the Sea
    BPS 141, 143–47
Heartland
    A *2:* 277
Heathens
    BPS 43
Heaven
    A *2:* 375–80
Herbs
    A *1:* 218, 219 (ill.); *2:* 527
Hero Twins
    A *2:* 376–77, 383
    BPS 147–48
Heyerdahl, Thor
    A *1:* 143
Hierarchy. *See also* Class system
    A *1:* 180, 222; *2:* 478, 530
Hieroglyphic Staircase
    A *2:* 359–60, 362, 364, 399–400
    BPS 76, 115 (ill.), 116, 124
Highlands
    A *2:* 334
Hispaniola
    A *1:* 244
Historia del Nuevo Mundo (Cobo)
    A *1:* 168
    BPS 17
Historical art
    A *2:* 397
Historia general del Peru. See Royal Commentaries of the Incas and General History of Peru (Garcilaso)
Historia verdadera de la conquista de Nueva España (Díaz). *See also* Díaz, Bernal
    BPS 160, 261
    Entrance into Mexico, **BPS** 265–68
    on Malinche, **BPS** 248–49
    publication of, **BPS** 268–69
    on Tenochtitlán, **BPS** 263–69, 276
The History of the Conquest of Mexico (Gómara)
    BPS 262–63

History of the Incas (Sarmiento de Gamboa)
    A *1:* 168
    BPS 18
History of the New World (Cobo)
    A *1:* 168
    BPS 17
Honduras
    BPS 251
Honey
    A *2:* 420
Hooker, Richard
    A *2:* 340
Horses
    A *1:* 249; *2:* 263–64, 537
    BPS 241
Hostages
    A *1:* 189
House of Phalli
    A *2:* 366
House of the chosen women
    BPS 43–48, 45 (ill.)
House of the Deer
    A *2:* 365
Houses
    Aztec, **A** *2:* 464
    Inca, **A** *1:* 231–33, 231 (ill.)
    Maya, **A** *2:* 427–28, 428 (ill.)
    Teotihuacán, **A** *2:* 321–22
Houston, Stephen
    BPS 85
Huaca. See also Shrines
    Cuzco, **A** *1:* 159–65
    defined, **A** *1:* 37, 88, 156
    priests and, **A** *1:* 206
    worship, **A** *1:* 203–4
Huaca de La Luna
    A *1:* 89–92, 91 (ill.), 96, 98–99
Huaca de Los Idios
    A *1:* 46–47
Huaca de Los Sacrificios
    A *1:* 46–47
Huaca del Sol
    A *1:* 89–92, 90 (ill.), 96
Huaca Fortaleza, Peru
    A *1:* 102–3
Huaca Prieta, Peru
    A *1:* 46
Huaca Rajada, Peru
    A *1:* 94–95

Huacas
  BPS 15
Huamanga, Peru
  BPS 63
Huantsán Mountain, Peru
  A *1:* 70
Huánuco Pampa, Peru
  A *1:* 158 (ill.), 161–62
Huaqueros
  A *1:* 94
Huarachicoy
  BPS 52
Huari culture. *See* Wari culture
Huarpa people
  A *1:* 128
Huáscar
  A *1:* 171, 176, 182, 245–46
  BPS 8, 53–55, 60
Huayna Capac
  A *1:* 175 (ill.)
  Atahuallpa and, **BPS** 52–53
  burial of, **BPS** 53–54
  death of, **A** *1:* 176, 244–45; **BPS** 51, 53
  Doña Angelina Yupanqui and, **BPS** 3, 22
  mummy of, **A** *1:* 239–40
  Pachacutec and, **A** *1:* 173
  rule of, **A** *1:* 171, 175–76, 182, 242–45; **BPS** 8, 11, 19
  wife of, **BPS** 52
Huehuetls
  A *2:* 514
Huejotzingo, Mexico
  A *2:* 474
Huemac
  A *2:* 449, 455–56
Huexotzinco, Mexico
  BPS 264
Huey tlatoanis
  A *2:* 472, 484
  BPS 173, 235
Huitzilhuitl
  A *2:* 484
  BPS 172
Huitzilopochtli
  A *2:* 504, 508 (ill.)
  conquered people and, **A** *2:* 483
  cult of, **A** *2:* 507–8

emergence of, **A** *2:* 467, 504
feast of, **A** *2:* 541; **BPS** 244, 257
human sacrifice for, **A** *2:* 511
human sacrifice rituals, **BPS** 177, 178, 179–80, 226
temple for, **A** *2:* 463, 474
Templo Mayor and, **BPS** 244
Tenochtitlán and, **BPS** 213–14, 215–16
Tlacaelel and, **BPS** 174
Hull, Robert
  A *2:* 481
Human sacrifices. *See also* Prisoners of war
  Ahuitzotl and, **BPS** 237
  Aztec, **A** *2:* 463, 472–74, 473 (ill.), 492, 494, 508–11; **BPS** 174, 177–80, 185, 187, 214
  of children, **A** *2:* 465, 511
  Codex Mendoza on, **BPS** 215
  defined, **A** *2:* 300
  Huitzilopochtli and, **BPS** 177, 178, 179–80, 226
  Inca, **A** *1:* 205, 205 (ill.)
  mass, **A** *2:* 438, 444, 454, 458, 473–74, 473 (ill.); **BPS** 166, 174, 177, 238
  Maya, **A** *2:* 368, 379, 379 (ill.), 380, 383
  Moche, **A** *1:* 97–99, 98 (ill.)
  Montezuma II and, **BPS** 236
  Nezahualcoyotl and, **BPS** 225–26
  Olmec, **A** *2:* 291
  prisoners of war for, **BPS** 239
  prohibition of, **BPS** 227
  Quiriguá, **BPS** 116
  Spanish conquistadors and, **BPS** 244
  Tiwanaku, **A** *1:* 111
  Toltec, **A** *2:* 444, 449, 454; **BPS** 163–64, 165–66
  Wari, **A** *1:* 130, 132

Zapotec, **A** *2:* 303, 311; **BPS** 84–85
Humbolt Current
  A *1:* 39
Hummingbird of the South. *See* Huitzilopochtli
Hun Hunapu
  A *2:* 376
Hunab Ku
  A *2:* 373
Hunah-pu
  A *2:* 376–77
Hunahpu Coyote
  BPS 143–47
Hunahpu Possum
  BPS 143–47
Hungry Coyote. *See* Nezahualcoyotl
Hunter-gatherers
  early Andean, **A** *1:* 39–40
  early Mesoamerican, **A** *1:* 5; *2:* 264
  life style of, **A** *1:* 4, 33–34
  Moundbuilders, **A** *2:* 452
Hurin
  A *1:* 157
Hurricane (God)
  BPS 141
Hybrid
  A *2:* 262
Hymns
  A *1:* 215–16

I

Ice ages
  A *1:* 22 (ill.), 23, 42
Iconocuicatl
  BPS 272, 277
Iconography
  A *1:* 61, 71–72
  BPS 85
Idols
  A *1:* 200
  BPS 268
Ilautu
  BPS 47
Illapa (Thunder God)
  A *1:* 202
Imports. *See also* Trade
  A *1:* 138

"The Imprisonment of
 Cuauhtémoc"
 BPS 279
In perpetuity, defined
 BPS 26
Inca chronicles
 A *1:* 166, 169
Inca Religion and Culture
 (Cobo)
 A *1:* 214
Inca Roca
 A *1:* 170 (ill.), 171
Inca Yupanqui. *See* Pacha-
 cutec
Incas. *See also* Atahuallpa;
 Betanzos, Juan de;
 Pachacutec; Poma de
 Ayala, Felipe Huaman
 BPS 1–5, 3 (ill.)
 agriculture, **A** *1:* 194–95,
  195 (ill.), 196 (ill.), 202,
  216; **BPS** 24–25, 27
  (ill.), 28 (ill.), 29
 architecture, **A** *1:* 10–11,
  159–65, 160 (ill.), 162
  (ill.), 211–12, 212 (ill.),
  231–33; **BPS** 14–16, 16
  (ill.)
 art, **A** *1:* 210–16, 213 (ill.)
 Betanzos on, **BPS** 9,
  21–31, 203
 burial practices, **A** *1:*
  239–40
 civil war, **A** *1:* 243–47
 class system, **A** *1:* 184,
  223–25
 clothing, **BPS** 47
 conquered lands of, **A** *1:*
  184–90
 creation myths, **A** *1:*
  118–19, 167, 170–73,
  201–2, 202 (ill.)
 daily life of, **A** *1:* 221–40
 defined, **A** *1:* 3, 157,
  179–81
 descendants of, **A** *1:*
  258–59
 economy, **A** *1:* 194–97;
  BPS 24–25
 festivals, **BPS** 48
 Garcilaso de la Vega on,
  BPS 3–4, 9, 13, 41–50,
  42 (ill.)

government, **A** *1:* 179–98;
  BPS 18, 24
 history of, **A** *1:* 165–77
 important sites, **A** *1:*
  158–65
 kingdom of Chimor and,
  A *1:* 145, 152–53, 172,
  175
 land management by, **A** *1:*
  185–86
 laws, **A** *1:* 192–94
 legal system, **BPS** 17
 location of, **A** *1:* 157–58,
  158 (ill.), 182 (ill.), 202
  (ill.), 243 (ill.)
 military forces, **A** *1:*
  190–91
 nobles, **BPS** 24, 25, 26,
  27–29, 64
 number systems, **BPS** 33,
  35, 37–38
 poetry of, **BPS** 23
 quipu, **BPS** 33–40
 rebellion against, **A** *1:*
  188–90, 242–43
 religion, **A** *1:* 181–82, 189,
  199–210
 rise of, **A** *1:* 8–11, 155–77
 roads, **A** *1:* 191–92, 192
  (ill.), 216; **BPS** 17
 rulers, **A** *1:* 170 (ill.), 171,
  182–84
 science of, **A** *1:* 216–20
 smallpox epidemics and,
  A *1:* 176, 244–45, 247,
  257; **BPS** 8
 Spanish chronicles on, **A**
  1: 16–17, 165, 166–67,
  168–69
 Spanish conquest of, **A** *1:*
  241–60
 timeline of, **BPS** 7–9
 Tiwanaku and, **A** *1:* 106,
  118–19
 Wari and, **A** *1:* 122–23,
  135
 women, **BPS** 25
 writing systems, **BPS** 33,
  38
Incas-by-privilege
 A *1:* 184, 223, 239
 BPS 47

*Incidents of Travel in Central
 American, Chiapas and
 Yucatán*
 A *2:* 337
Indians. *See also* specific
 types of Indians
 BPS 26, 46
Indigenous
 A *1:* 20
Indignity, defined
 BPS 266
Individual freedom
 A *1:* 7
Indus Valley
 A *1:* 5
Inflation
 BPS 60
Influenza
 A *2:* 369
Ingots
 A *1:* 148–49
Initial Series Introductory
 Glyph (ISIG)
 BPS 104
Inti Raymi
 A *1:* 207, 208–10, 210 (ill.)
Inti (Sun God)
 A *1:* 167, 167 (ill.), 182,
  201, 202
 BPS 17, 43
Interpretors
 BPS 21, 64, 155
Intimate, defined
 BPS 229
Intoxication, defined
 BPS 229
Inventory
 BPS 34
Invoked, defined
 BPS 229
Irrigation
 BPS 26–27, 28 (ill.)
 Caral, **A** *1:* 52
 development of, **A** *1:* 6
 early Andean, **A** *1:* 54
 Inca, **A** *1:* 196, 226–27
 kingdom of Chimor, **A** *1:*
  148
 Maya, **A** *2:* 424–25
 Moche, **A** *1:* 93, 99
 Nazca, **A** *1:* 78–79
 Sumerian, **A** *1:* 9
 Tiwanaku, **A** *1:* 116–17

Toltec, **A** *2:* 450–51
Wari, **A** *1:* 128–29
ISIG (Initial Series Introductory Glyph)
BPS 104
Itzá
A *2:* 365
Itzamná
A *2:* 373, 374, 374 (ill.)
Itzcoatl
A *2:* 471–72, 481, 484, 507, 517–18
BPS 172–73, 223
Ix Chel
A *2:* 373
Ixtlilxochitl
BPS 222–23, 231
Iztapalapa, Mexico
BPS 264, 266

J

Jade
BPS 133, 187, 229
Jade masks
A *2:* 360
Jade sculptures
Aztec, **A** *2:* 514
Maya, **A** *2:* 351, 417, 418–19, 420
Olmec, **A** *2:* 282, 283 (ill.), 285, 292–93
Jadeite
A *2:* 292
Jaguar Gods
A *2:* 284
Jaguar imagery
Olmec, **A** *2:* 290, 292
Teotihuacán, **A** *2:* 327–28, 329
Toltec, **A** *2:* 455
Jaguar Knights
A *2:* 493
"Jaguar Priest"
BPS 148–49
Jaguar Quetzal
BPS 128
Jailli
A *1:* 215–16
Jails
A *2:* 355
Jaltipan, Mexico
BPS 248

Jang-Jang. *See* Chan Chan, Peru
Jequetepeque Valley, Peru
A *1:* 142, 143–44
Jewelry. *See also* Metalwork
BPS 133
Aztec, **A** *2:* 514, 525
Inca, **A** *1:* 239
kingdom of Chimor, **A** *1:* 147 (ill.)
Maya, **A** *2:* 429–30
Moche, **A** *1:* 101 (ill.)
Wari, **A** *1:* 134
Judges
A *2:* 489, 526
Julian calendars
BPS 97–98, 107–8
Justeson, John
A *2:* 294–95

K

K'ac Joplaj Chan K'awill
BPS 113
Kalasasaya platform
A *1:* 112
Kan Balam I
BPS 131
K'an Hoy Chitam I
BPS 131
Kan Xul. *See also* K'inich K'an Hoy Chitam II
A *2:* 361
Karwu
A *1:* 68
Katun
A *2:* 413
Katz, Friedrich
A *1:* 196
Kaufman, Terrence
A *2:* 294–95
K'awiil
BPS 118
Kemp, Lysander
BPS 271
Kennewick Man
A *1:* 30–31, 31 (ill.)
Khipu. *See* Quipu
Kin groups. *See* Ayllu
King 3 Ajaw
A *2:* 296

Kingdom of Chimor
A *1:* 94, 137–53
agriculture, **A** *1:* 148, 149–50
architecture, **A** *1:* 139–43, 140 (ill.), 141 (ill.), 151–53, 151 (ill.)
art and sciences, **A** *1:* 144, 144 (ill.), 147 (ill.), 148–49, 149 (ill.), 151–52
decline of, **A** *1:* 152–53
economy, **A** *1:* 148–50
government, **A** *1:* 146–48
history, **A** *1:* 143–44
Incas and, **A** *1:* 145, 152–53, 172, 175
location of, **A** *1:* 138–39, 139 (ill.)
metalwork, **A** *1:* 210
religion, **A** *1:* 150–51
Spanish chronicles of, **A** *1:* 144–46
Kings. *See* Rulers
Kinich Ahaw
A *2:* 374–75
K'inich Ahkal Mo' Nahb' III
BPS 131
K'inich Janahb' Pakal. *See* Pacal
K'inich Kan Balam II. *See* Chan Bahlum II
K'inich K'an Hoy Chitam II
BPS 131, 135
K'inich Popol Hol
BPS 113
K'inich Yax K'uk' Mo'
BPS 113, 116
Knights
A *2:* 493
Knorozov, Yuri Valentinovich
A *2:* 394
Kolata, Alan
A *1:* 111, 114, 117
Kosok, Paul
A *1:* 81, 82
Kukulcán
A *2:* 373, 448
BPS 141, 143–47, 145 (ill.), 167, 168 (ill.)
Kukulcán Pyramid
A *2:* 367, 367 (ill.)

L

La Danta Pyramid
  A *2:* 351
La Mojarra stela
  A *2:* 294, 295
  BPS 101
La primer nueva corónica y buen gobierno (Poma de Ayala)
  A *1:* 169
La Venta, Mexico
  A *2:* 276, 281–82, 285–86, 287, 292
  BPS 78, 84
Labor, forced
  BPS 64
Labor obligations
  BPS 34
  drinking rituals and, A *1:* 131
  festivals and, A *1:* 131, 236
  Inca, A *1:* 186 (ill.), 187–88, 191, 194, 226
  Tiwanaku, A *1:* 116
  of women, A *1:* 228, 230
  working class, A *1:* 116, 227–28
Lacandón Maya
  A *2:* 435
Lady Sak Kuk
  BPS 128–29, 131
Lady Yohl Ik'nal
  BPS 128, 131
Laguna de los Cerros
  A *2:* 287
Lake Texcoco
  A *1:* 14–15, 14 (ill.); *2:* 465
  BPS 158, 176, 214
Lake Titicaca
  A *1:* 107–8, 108 (ill.), 109 (ill.), 114, 172, 201
  BPS 14
Lambayeque Valley, Peru
  A *1:* 92, 102, 142–43, 145–46, 152
Land claims
  BPS 65
Land distribution
  A *1:* 225–26
  BPS 24, 26
Landa, Diego de
  A *2:* 342–44, 394, 401, 406–7
  BPS 75, 79
Languages
  Amerindian, A *1:* 32–33
  Aztec, A *2:* 514
  Mayan, A *2:* 338–39; **BPS** 74, 247–48, 249
  Mixe-Zoquean, A *2:* 293
  Nahuatl, A *2:* 458, 478, 502, 514–15, 549; **BPS** 211, 227, 247–48, 252–53
  Olmec, A *2:* 293
  Otomanguean, A *2:* 310
  Popoluca, **BPS** 248
  Proto-Mayan, A *2:* 338–39
  Quechua, A *1:* 157, 200, 214–15, 242, 259; **BPS** 2, 17, 21, 23, 64, 65–66, 69
  quipu and, **BPS** 34–35
  Yucatec, A *2:* 344
  Zapotec, A *2:* 303, 310–12
Lanyon, Anna
  A *2:* 534
  BPS 247, 248–49, 257
Lanzón
  A *1:* 63, 64 (ill.), 69
Lapa de Boquet, Brazil
  A *1:* 26
Late Classic era
  A *2:* 269
Late post-Classic era
  A *2:* 269
Late pre-Classic era
  A *2:* 268
Laws
  A *1:* 6–7; *2:* 481–82, 526
  BPS 17, 178–79, 225
Leap year
  BPS 98
Leave, defined
  BPS 46
Legends
  A *1:* 157
León-Portilla, Miguel
  A *2:* 519–20, 542–43, 546
  BPS 271, 272, 281
Lequizamón, Mansio Serra de
  A *1:* 255
Levees
  A *2:* 288
Lima, Peru
  BPS 49
Line drawings, Nazca
  A *1:* 75–76, 79–84, 80 (ill.), 82 (ill.)
Linguistic evidence
  A *1:* 32–33
Literature, Inca
  A *1:* 213–16
Litter
  BPS 266
Liveries
  BPS 266
Livermore, Harold V.
  BPS 41
Llamas
  A *1:* 42–43, 43 (ill.)
  Chavín and, A *1:* 68–69
  defined, A *1:* 37, 106
  Inca and, A *1:* 194, 212
  modern day, A *1:* 259
  Tiwanaku and, A *1:* 117–18
Lloque Yupanqui
  A *1:* 170 (ill.), 171
Locke, L. Leland
  BPS 35
Locutory room
  BPS 46
Logogram
  A *2:* 392, 394–95, 396
Logosyllabic
  A *2:* 392
Loma del Zapote
  A *2:* 279
Long Count
  A *2:* 283–84, 294, 410–11
  BPS 78, 93, 101–9, 104 (ill.), 105 (ill.), 106 (ill.), 205
Looters
  A *1:* 94
Lord of the Close and Near
  BPS 226
Lord of the West
  BPS 113
Lords. *See* Nobles
Lords of Death
  A *2:* 376
Lords of the Night
  BPS 107
Los Toldos, Argentina
  A *1:* 26

Lost World complex
  A *2:* 354
Lower class. *See* Working class
Lowlands
  A *2:* 334
Luque, Hernando de
  A *1:* 247–48
Lurín Valley, Peru
  A *1:* 68
Luzia
  A *1:* 29, 32 (ill.)

M

Machu Picchu, Peru
  A *1:* 158 (ill.), 162–64, 162 (ill.), 163 (ill.)
MacNeish, Richard Scotty
  A *1:* 27, 28–31
Macuahuitl
  A *2:* 495
Madrid Codex
  A *2:* 401
  BPS 149, 197
Mah K'ina K'uk Mo'
  A *2:* 362, 364
Mahogany
  A *2:* 435
Maize
  BPS 27, 27 (ill.)
  Aztec and, A *2:* 524
  chicha from, A *1:* 55, 233
  Inca and, A *1:* 232 (ill.), 233
  Maya and, A *2:* 422, 423 (ill.), 428–29
  Olmec and, A *2:* 287
Maize God
  A *2:* 352, 375
  BPS 129
Maker (God)
  BPS 141, 143–47
Maker of the Blue-Green Bowl
  BPS 143–47
Maker of the Blue-Green Plate
  BPS 143–47
Malaria
  A *2:* 334
Malinalli. *See* Malinche

Malinche
  A *2:* 536, 538
  BPS 247–59, 247 (ill.)
  Cortés and, **BPS** 155, 158–59, 247–48, 251–57, 254 (ill.), 277
  Díaz on, **BPS** 248–49, 252–53, 256–57, 266, 268
  early life of, **BPS** 248–49
  as interpreter, **BPS** 252–57, 255 (ill.)
  as mother of Mexico, **BPS** 258–59
Malinchista
  BPS 258–59
Malintzin. *See* Malinche
Malpass, Michael A.
  A *1:* 160, 187, 230
Mama Huaco
  A *1:* 170
Mama Ipacura
  A *1:* 170
Mama Ocllo
  A *1:* 170, 171
Mama Raua
  A *1:* 170
Mama-Cocha
  A *1:* 202
Mamaconas
  A *1:* 206, 229
Mamacuna
  BPS 46
Mama-Quilla
  A *1:* 202
Mammoths
  A *1:* 22 (ill.); *2:* 262
Manchán, Peru
  A *1:* 139 (ill.), 143
Manco Capac
  A *1:* 167, 167 (ill.), 170–71, 170 (ill.), 201
Manco Inca
  A *1:* 171, 251–54
  BPS 70
Mangrove swamps
  A *1:* 40–41
Manhood ceremony. *See* Puberty ceremony
Mani, Mexico
  A *2:* 343
Manly Heart. *See* Tlacaelel
Mano
  A *2:* 429

Marcus, Joyce
  A *2:* 312
Marketplace
  A *2:* 320, 327, 463, 498
Marketplace, Aztec
  BPS 275 (ill.)
Marriage
  Aztec, A *2:* 520–22
  Inca, A *1:* 182, 194, 206, 229–31, 237
  Maya, A *2:* 425–26, 427
Masks
  A *2:* 330 (ill.), 331, 349–51, 360
Masks, jade
  BPS 133
Masons
  BPS 147
Mass human sacrifice
  Aztec, A *2:* 473–74, 473 (ill.)
  defined, A *2:* 438, 458
  Toltec, A *2:* 444, 454
Mass human sacrifice rituals
  BPS 166, 174, 177, 238
Mass production
  A *1:* 224
Master of cuts
  BPS 236
Matchmaker (God)
  BPS 141, 143–47
Mathematics. *See* Number systems
Matlalcihuatzin
  BPS 223
Maya. *See also* Popol Vuh; Quiché Maya
  A *1:* 13–14; *2:* 333–46
  BPS 73–79
  agriculture, A *2:* 422–25
  Ahaw kings, A *2:* 380–85
  architecture, A *2:* 349, 354–57, 355 (ill.), 359–62, 359 (ill.), 360 (ill.), 364–67, 366 (ill.), 367 (ill.), 398; **BPS** 73–76, 111–26, 115 (ill.), 127, 129–35, 130 (ill.)
  art, A *2:* 352, 362, 391, 396–404, 397 (ill.), 399 (ill.); **BPS** 73–75, 127
  astronomy, A *2:* 349, 411–13
  Aztec and, A *2:* 483

bar and dot system, **BPS** 87–92, 89 (ill.), 90 (ill.)
calendars, **A** *2:* 356, 377–78, 406–11; **BPS** 73, 76, 91, 93–99, 96 (ill.), 205
cities, **A** *2:* 333, 334–38, 347–70, 349 (ill.), 381–82, 425
class system, **A** *2:* 384–86, 385 (ill.), 388, 421
Classic era, **A** *2:* 341, 353–65, 383–85, 398, 401, 420; **BPS** 73–75, 78, 108, 111, 135
codex, **A** *2:* 343–44, 344 (ill.), 400–1
codices, **BPS** 75, 76, 79, 149, 197
creation myths, **A** *2:* 352; **BPS** 141, 143–47
daily life, **A** *2:* 415–16, 425–30, 434 (ill.)
dates of, **A** *2:* 339–41
decline of, **A** *2:* 347–70, 386, 387–89
description of, **A** *2:* 338–39
economy, **A** *2:* 415–25
entertainment, **A** *2:* 431–33
glyphs, **BPS** 39, 74–76, 83, 91, 95, 107, 113–25, 128, 138
government, **A** *2:* 371–89, 430–31
Lacandón, **A** *2:* 435
languages, **A** *2:* 338–39
location of, **A** *2:* 339–40, 339 (ill.), 349 (ill.), 393 (ill.), 417 (ill.); **BPS** 74, 75 (ill.)
Long Count, **BPS** 101–9, 104 (ill.), 105 (ill.), 106 (ill.)
nobles, **A** *2:* 382, 384–86
number systems, **A** *2:* 404–6; **BPS** 73, 87–92
Pacal, **BPS** 76, 78, 127–36, 127 (ill.)
population density, **A** *2:* 425
post-Classic era, **A** *2:* 341, 365–68, 401, 420–21; **BPS** 74, 75, 138

pottery, **BPS** 146 (ill.)
pre-Classic era, **A** *2:* 341, 349–53; **BPS** 74
rebellion against, **A** *2:* 386, 388
rediscovery of, **A** *2:* 334–38
religion, **A** *2:* 371–89; **BPS** 165, 167
rise of, **A** *2:* 271–72, 347–70
rulers, **BPS** 111–12, 131
sacred calendars, **BPS** 93–99, 96 (ill.)
Spanish chronicles of, **A** *1:* 16–17
Spanish conquest and, **BPS** 75–76, 78–79, 249, 252
Spanish conquest of, **A** *1:* 14; *2:* 342, 368–69
stelae and monuments, **BPS** 73, 75–76, 78, 111–26, 120 (ill.), 121 (ill.), 122 (ill.), 123 (ill.)
Stone Roller Stamp and, **BPS** 76, 77, 81–86, 83 (ill.), 84 (ill.)
survival of, **A** *2:* 433–35
timeline of, **BPS** 77–79
universe, **A** *2:* 375–80
women, **BPS** 128–29
writing systems, **A** *1:* 16; *2:* 271, 341–44, 342 (ill.), 345, 391–96; **BPS** 73–75, 135, 197
Yucatec names, **BPS** 88, 89 (ill.), 90 (ill.)
Mayan Book of the Dawn of Life. See Popol Vuh
Mayan languages **BPS** 74, 247–48, 249
Mayapán, Mexico **A** *2:* 333, 365, 368, 388 **BPS** 78
Mayta Capac **A** *1:* 170 (ill.), 171
McEwan, Gordon **A** *1:* 125–26, 133
Meadowcroft Rockshelter, Pennsylvania **A** *1:* 26, 33
Measles **A** *2:* 369, 542–43

Measles epidemics **BPS** 78–79, 159
Meat **A** *1:* 233; *2:* 425, 524
Medicine
Aztec, **A** *2:* 526–27
Inca, **A** *1:* 216, 218–19
Memorization **A** *1:* 214
Mendoza, Antonio de **BPS** 159–60, 212, 213, 217
Mercenary soldiers **A** *2:* 458, 469, 471, 478
Merchants **A** *2:* 490–91
Mérida, Mexico **A** *2:* 369
Mesoamerican priests **BPS** 205–6
Mesoamerican women **BPS** 256
Mesoamericans, early. *See* Early Mesoamericans
Mesopotamia **A** *1:* 5, 6, 9
Mestizo **A** *1:* 242; *2:* 530, 548 **BPS** 42, 258
Metalwork
Aztec, **A** *2:* 514
Chavín, **A** *1:* 71, 71 (ill.)
Inca, **A** *1:* 210, 228
kingdom of Chimor, **A** *1:* 144, 144 (ill.), 147 (ill.), 148–49, 149 (ill.), 152, 210
Moche, **A** *1:* 99–101, 101 (ill.)
Toltec, **A** *2:* 451
Wari, **A** *1:* 134
Metate **A** *2:* 429
Mexican Songs **BPS** 160, 231, 271
Mexicas. *See* Aztecs
Mexico. *See also* Valley of Mexico **A** *1:* 244; *2:* 548
Mexico City, Mexico **A** *1:* 12; *2:* 546 **BPS** 153, 184, 189–90, 250–51
Mexico, mother of **BPS** 258–59

Meyer, Michael C.
  A 2: 444, 490
Miahuaxihuitl
  BPS 172
Middle class
  A 1: 6, 51
Middle pre-Classic era
  A 2: 268
Midwife (God)
  BPS 141, 143–47
Migrations
  Bering Land Bridge, *A 1:* 23–25, 24 (ill.), 32
  First Americans, *A 1:* 19–34
  Paleoamerican, *A 1:* 28–31
  Paleo-Indian, *A 1:* 30
  seaworthy boats and, *A 1:* 27–28
Military forces. *See also* Warfare
  Aztec, *A 2:* 468–69, 471–73, 477–78, 492–95, 494 (ill.), 499
  development of, *A 1:* 7
  Inca, *A 1:* 190–91
  Maya, *A 2:* 430–31
  mercenary, *A 2:* 458, 469, 471, 478
  Teotihuacán, *A 2:* 325, 329–30
  Toltec, *A 2:* 448–50
  Wari, *A 1:* 129
Miller, Mary
  A 2: 382
Milpa
  A 2: 416, 423–25
Minchancaman
  A 1: 145, 153
Mines
  A 1: 228, 257
Mirrors
  BPS 117
Missionaries
  Atahuallpa and, *A 1:* 249–50; **BPS** 58
  Aztec and, **BPS** 159, 280–81
  Betanzos and, **BPS** 21
  as chroniclers, *A 1:* 168
  codex and, *A 2:* 401; **BPS** 196, 210–11, 231
  defined, *A 1:* 157; *2:* 530

Garcilaso de la Vega on, **BPS** 44
Maya and, *A 2:* 342–44, 433–34; **BPS** 75
Poma de Ayala and, **BPS** 64, 66
Quiché Maya and, **BPS** 139
quipu and, **BPS** 34, 39
Mit'a
  A 1: 186 (ill.), 187–88, 191
  agriculture and, *A 1:* 194
  ayllu and, *A 1:* 116, 188
  defined, *A 1:* 181, 222
  requirements of, *A 1:* 187–88, 227–28, 230
Mitima
  A 1: 181, 189, 243
Mixcoatl
  A 2: 446
  BPS 162, 166
Mixe-Zoquean language
  A 2: 293
Mixtec
  A 2: 313
Moche culture
  A 1: 87–103
  architecture, *A 1:* 89–92, 90 (ill.), 91 (ill.)
  art and sciences, *A 1:* 87 (ill.), 99–102, 100 (ill.), 101 (ill.)
  calendars, **BPS** 205
  codices, **BPS** 197–98
  decline of, *A 1:* 102–3
  economy, *A 1:* 99
  government and religion, *A 1:* 96–99
  history, *A 1:* 92–96
  human sacrifice rituals, *A 1:* 97–99, 98 (ill.)
  important sites, *A 1:* 89–92
  kingdom of Chimor and, *A 1:* 143
  location of, *A 1:* 88–92, 89 (ill.)
  religion, *A 1:* 96–99
Mixtec Codex. See Codex Borgia
Mixteca Alta
  BPS 197

Mochica culture. *See* Moche culture
Moctezuma. *See* Montezuma I
Modeler (God)
  BPS 141, 143–47
Monarchy. *See also* Rulers
  A 2: 480
Mongoloid features
  A 1: 28–29
Monogamy. *See also* Marriage
  A 1: 194, 222; *2:* 426
Monte Albán, Mexico
  A 2: 299, 303–6
  BPS 77, 93
  astronomical observatory, *A 2:* 305–6, 308 (ill.), 312
  decline of, *A 2:* 312–13
  government and economy, *A 2:* 306–9
  history of, *A 2:* 303–6
  location of, *A 2:* 301, 302 (ill.)
  stone carvings, *A 2:* 310, 310 (ill.)
  trade with, *A 2:* 287
Monte Verde, Chile
  A 1: 25–26, 27, 39–40
Montejo, Francisco de
  A 2: 369
Montezuma I
  A 2: 472–73, 485
  BPS 152, 158, **171–80**, 171 (ill.), 225
Montezuma II
  A 2: 532 (ill.)
  BPS 235–46, 235 (ill.), 238 (ill.)
  Axayácatl and, **BPS** 179
  capture of, *A 2:* 539–41, 541 (ill.); **BPS** 244–45, 250, 257
  clothing of, **BPS** 266
  Cortés, Hernán and, *A 2:* 448, 454, 536–43; **BPS** 168, 189, 241–45, 250, 254–57, 266–68, 267 (ill.)
  death of, *A 2:* 542; **BPS** 245, 250, 257, 272
  Díaz on, **BPS** 266–68

headdress of, **BPS** 243 (ill.)
life of, **BPS** 236–37
rule of, **A** *1:* 15; *2:* 474, 485, 531–33; **BPS** 158, 238–40
Spanish conquest and, **BPS** 154–55, 240–45
Montezuma Ikhuicamina. *See* Montezuma I
Montezuma Xocoyotzin. *See* Montezuma II
Months, patron
BPS 104
Monumental architecture
A *1:* 2–3, 5–6, 37, 45–48, 48 (ill.), 61
Moon Goddess
A *1:* 202; *2:* 373
Moon Jaguar
BPS 113, 114
Moquegua Valley, Peru
A *1:* 108, 126
Mortality
BPS 279
Morris, Craig
A *1:* 67
Moseley, Michael
A *1:* 128, 185
Motecuhzoma Xocoyótzin. *See* Montezuma II
Motelchiuhtzin the Huiznahuacatl
BPS 276
Moundbuilders
A *2:* 452–53
Mother of Mexico
BPS 258–59
Mummies
BPS 18–19
Chincorro, **A** *1:* 41
defined, **A** *1:* 181, 200
Huayna Capac, **A** *1:* 239–40
Inca, **A** *1:* 183–84, 239–40, 239 (ill.)
kingdom of Chimor, **A** *1:* 150
Sapa Inca, **A** *1:* 204, 239–40
Wari, **A** *1:* 133, 133 (ill.)
Mummification
A *1:* 222

Murals
A *2:* 329, 352, 403–5, 403 (ill.)
Music
A *1:* 213; *2:* 514
Musk
BPS 266
Myths. *See also* Creation myths
A *1:* 200

N

Naguals
A *2:* 289–90
Nahuatl
A *2:* 458, 478, 502, 514–15, 549
Nahuatl language
BPS 211, 227, 247–48, 252–53
Naming ceremony
A *1:* 230
Nancenpinco
A *1:* 145
Narrative of the Incas (Betanzos)
A *1:* 168–69
BPS 3, 9, 21–31, 57, 58
Native American Graves Protection and Repatriation Act
A *1:* 30–31, 80–81
Naylamp
A *1:* 145–46
Nazca society
A *1:* 66, 75–85
architecture, **A** *1:* 76–77
art, **A** *1:* 83–85, 84 (ill.)
decline of, **A** *1:* 85
desert line drawings, **A** *1:* 75–76, 79–84, 80 (ill.), 82 (ill.)
government, **A** *1:* 79
history, **A** *1:* 78–79
important sites, **A** *1:* 76–78
location of, **A** *1:* 76–78, 77 (ill.), 78 (ill.)
religion, **A** *1:* 79
Nazca Valley, Peru
A *1:* 76, 78 (ill.)

Negroid features
A *1:* 29
Nemontemi
BPS 182
New Fire Ceremony
A *2:* 506–7
BPS 182–83, 218
New Temple (Chavín de Húntar)
A *1:* 64–65, 69–70
New World
A *1:* 3
New World camelids. *See* Camelids
Newborn Thunderbolt
BPS 141
Newsome, Elizabeth
BPS 117
Nezahualcoyotl
A *2:* 482 (ill.)
BPS 154, 158, **221–33**, 224 (ill.)
code of laws, **A** *2:* 481–82, 526; **BPS** 225
life of, **BPS** 222–26
Montezuma I and, **BPS** 173, 176–77
Poem 1, **BPS** 228–29
Poem 2, **BPS** 229–30
Poem 3, **BPS** 230–31
poetry of, **A** *2:* 519–20; **BPS** 221, 226–30
rule of, **BPS** 225–26
"Song of Springtime," **BPS** 232–33
Triple Alliance and, **A** *2:* 471, 481
Nezahualpilli
A *2:* 482
BPS 225
Nichols, Johanna
A *1:* 32–33
Ninancuyoci
A *1:* 245
BPS 53
Nobles
Aztec, **A** *2:* 489–90, 489 (ill.), 493–94, 499, 520, 523–25; **BPS** 179
clothing, **A** *1:* 238–39, 238 (ill.)
daily life, **A** *1:* 236–39

Inca, *A 1:* 192–93, 194, 196, 236–39; **BPS** 24, 25, 26, 27–29, 64
kingdom of Chimor, *A 1:* 147
Maya, *A 2:* 382, 384–86
Olmec, *A 2:* 288–89
personal attendants for, *A 1:* 228–29
Spanish and, *A 2:* 547
Teotihuacán, *A 2:* 322, 326
Nomadic life. *See also* Hunter-gatherers
BPS 7
defined, *A 2:* 262, 478, 530
early Andean, *A 1:* 35
history of, *A 1:* 1
transition to urban life, *A 1:* 2–3
Norte Chico, Peru
A 1: 11–12, 49–54
North Acropolis
A 2: 355
Northern Asians
A 1: 28–29, 32
Nueva corónica y buen gobierno (Poma de Ayala)
A 1: 169
Number systems
Arabic, **BPS** 91, 95
Aztec, *A 2:* 511–12
bar and dot, *A 2:* 294–96, 307, 331, 404–6, 512; **BPS** 84, 87–92, 89 (ill.), 90 (ill.), 103, 118
decimal, **BPS** 35, 88, 90
development of, *A 1:* 6
dot and glyph, *A 2:* 511–12
Inca, **BPS** 33, 35, 37–38
Maya, *A 2:* 404–6; **BPS** 73, 87–92
Olmec, *A 2:* 294, 295, 296; **BPS** 82, 87
Roman, **BPS** 91
Teotihuacán, *A 2:* 331
vigesimal, *A 2:* 300, 392, 405–6, 502, 511–12; **BPS** 88, 90, 91, 102
Zapotec, *A 2:* 307; **BPS** 87

Núñez de Balboa, Vasco
A 1: 247
Nunnery
A 2: 366
Nurturers
BPS 145

O

Oaxaca Valley, Mexico
A 2: 267, 299
BPS 74, 77, 84
Obeisance, gestures of
BPS 29
Observatories. *See* Astronomical observatories
Obsidian
blade, **BPS** 185
Cancuen and, *A 2:* 417, 419
defined, *A 2:* 262, 316, 416, 438
Maya trade in, *A 2:* 420
Olmec and, *A 2:* 285
Teotihuacán and, *A 2:* 322, 323, 327, 331
Obsidian Serpent. *See* Itzcoatl
Obsidian Snake. *See* Itzcoatl
Ocean Gods
A 1: 150, 151–52
Offerings. *See also* Sacrifices
A 2: 277
Old Temple (Chavín de Húantar)
A 1: 61–64, 63 (ill.), 64 (ill.), 66, 69–70
Oldstone, Michael
A 2: 543
Ollantay
A 1: 216
Olmec culture
A 1: 13; *2:* 267, 275–97
agriculture, *A 2:* 287–88
architecture, *A 2:* 282, 283, 284
art, *A 2:* 285–86, 292–93, 293 (ill.)
calendars, **BPS** 82, 84, 93
economy, *A 2:* 287–88
glyphs, *A 2:* 271
government, *A 2:* 288–89
history of, *A 2:* 285–86; **BPS** 74, 77, 78, 82

important sites, *A 2:* 279–85
location of, *A 2:* 278–79, 279 (ill.)
Long Count, **BPS** 101–2
Maya and, **BPS** 73
number systems, **BPS** 82, 87
religion, *A 2:* 289–92
science, *A 2:* 296–97
writing and language, *A 2:* 283–84, 293–96, 295 (ill.), 296 (ill.)
writing systems, **BPS** 81–86
Zapotecs and, *A 2:* 300
Olmec Stone Roller Stamp
BPS 76, 77, 81–86, 83 (ill.), 84 (ill.)
Omens
BPS 240
Ometeotl
A 2: 503
Oquitzin the Tlacatecuhtli
BPS 276
Oracles
A 1: 65, 68
Oral tradition
Aztec, *A 2:* 469, 517; **BPS** 161–62, 174, 178–79, 221–22
defined, *A 1:* 20
Inca, *A 1:* 166, 213–16
prehistory and, *A 1:* 20, 21
Quiché Maya, **BPS** 139, 142
quipu and, **BPS** 34–35
Toltec, **BPS** 168–69
Valley of Mexico, *A 2:* 471–72
Orejones
A 1: 184
BPS 24, 28
Otomanguean languages
A 2: 310
Outposts
A 1: 122
Oxa
A 1: 146
Oxford University
BPS 217

P

Pacal
  A *2:* 358–61, 360 (ill.), 395, 400
  BPS 76, 78, **127–36**, 127 (ill.)
Pacariqtambo Cave, Peru
  A *1:* 167, 170–71, 201
Pacatnamu, Peru
  A *1:* 139 (ill.), 143–44
Pachacamac
  A *1:* 68
Pachacutec
  A *1:* 170 (ill.), 174 (ill.)
  BPS 11–19, 11 (ill.)
  Betanzos on, **BPS** 2–3, 24, 25–29
  Chancas and, **BPS** 8, 12–13
  Machu Picchu and, A *1:* 163
  rule of, A *1:* 159, 171, 173–74, 179, 182; **BPS** 1–3, 23–24
  Sacsahuaman and, A *1:* 160–61
  version of history, A *1:* 166–67
Pachacuti. *See* Pachacutec
Pacha-Mama
  A *1:* 202
Paintings, cave
  A *1:* 42
Palenque, Mexico
  A *2:* 333, 337, 337 (ill.), 358–61, 359 (ill.)
  abandonment of, **BPS** 135
  architecture, **BPS** 73, 78, 128, 129–35, 130 (ill.)
  rulers of, **BPS** 78, 127, 131, 132
  stelae, **BPS** 111
  Temple of Inscriptions, **BPS** 130–34, 130 (ill.)
Paleoamericans
  A *1:* 21, 28–31
Paleo-Indians
  A *1:* 21, 30
Pampa
  A *1:* 76
Pampa Grande, Peru
  A *1:* 92, 102–3

Pampa Koani, Bolivia
  A *1:* 117
Panaca
  A *1:* 183, 242, 245–46
Pantheon. *See also* Gods
  A *1:* 61, 181; *2:* 300, 372, 438, 502
Panuco
  BPS 178
Paper
  A *2:* 400–1
Paracas Peninsula, Peru
  A *1:* 84
Paris Codex
  A *2:* 401
  BPS 149, 197
Patagonia
  A *1:* 21
Patron months
  BPS 104
Peasants. *See* Working class
Peat bogs
  A *1:* 25–26
Pedra Furada, Brazil
  A *1:* 27
Pendejo Cave, New Mexico
  A *1:* 27
Peninsulares
  A *2:* 530, 548
Perish, defined
  BPS 279
Perpetual, defined
  BPS 26, 45
Personal attendants
  A *1:* 228–29
Personal beauty
  A *2:* 432
Peru. *See also* Andean region
  A *1:* 11–12, 257
Petén region
  A *2:* 347–48, 423, 433
Philip III (King)
  BPS 65, 69
Piedra Museo, Argentina
  A *1:* 26
Piedras Negras, Guatemala
  A *2:* 395
Pierno
  BPS 47
Pikillacta, Peru
  A *1:* 124–26, 124 (ill.), 125 (ill.), 133, 135

Pilgrimages
  A *2:* 277
Pilgrims
  A *1:* 61, 76
Piramide Mayor
  A *1:* 50–51
Pizarro, Francisco
  A *1:* 8, 10, 247 (ill.), 248 (ill.)
  Atahuallpa and, A *1:* 248–51, 251 (ill.); **BPS** 4, 9, 55–56, 60, 66–67, 67 (ill.)
  death of, A *1:* 254
  Doña Angelina Yupanqui and, **BPS** 3
  Inca and, A *1:* 247–51, 254–57
  Poma de Ayala on, **BPS** 69
  Spanish chronicles and, A *1:* 168
Pizarro, Hernando
  A *1:* 249
  BPS 44, 56
Place of Reeds. *See* Tula, Mexico
Place of the Temple of Jaguar Gods
  A *2:* 284
Plague. *See* Epidemics
Plateaus
  A *2:* 262
Plaza of the Seven Temples
  A *2:* 355
Pleistocene ice age
  A *1:* 23
Plows, foot
  A *1:* 227
Plumed Serpent. *See* Sovereign Plumed Serpent
Pochteca
  A *2:* 490–91, 496, 517
Poetry
  A *1:* 215–16; *2:* 518–20
  Aztec, **BPS** 154, 155, 221–33, 271–83
  Inca, **BPS** 23
  interpretation of, **BPS** 227, 232
  of Nezahualcoyotl, **BPS** 221–33
  quipu and, **BPS** 34–35

Pohl, Mary
    BPS 81–82, 84, 85
Pok-a-tok
    A *2:* 290, 355, 433
Polygamy. *See also* Marriage
    A *1:* 222
Poma de Ayala, Felipe Huaman. *See also La primer nueva corónica y buen gobierno*
    A *1:* 169
    BPS 9, **63–71**
    on Atahuallpa, **BPS** 61 (ill.), 66–69, 67 (ill.), 68 (ill.)
    illustrations of, **BPS** 61 (ill.), 63, 66–69, 70
    life of, **BPS** 63–65
    on *quipu*, **BPS** 38 (ill.)
    Spanish conquest and, **BPS** 64–65, 66, 69
Pomar, Juan Bautista
    BPS 231
Pongmassa
    A *1:* 146
Pope, Kevin
    BPS 85
Popol Vuh
    A *2:* 376, 404
    BPS 76, 79, **137–50**
    background of, **BPS** 137–38
    Part One, **BPS** 142–47
    replacement of, **BPS** 139–40
    text of, **BPS** 140–49
Popoluca language
    BPS 248
Population density
    A *1:* 5
Porters
    BPS 46
Portocarrero, Alonso Hernándex
    BPS 252, 254
Portresses
    BPS 46
Post-Classic era
    A *2:* 341, 365–68, 401, 420–21
    BPS 74, 75, 138
Potatoes
    A *1:* 234–35, 235 (ill.)

Potonchan, Mexico
    BPS 249
Potrero Nuevo
    A *2:* 279
Pottery
    Andean Mountain region, **A** *1:* 12
    Chavín, **A** *1:* 71
    early Andean, **A** *1:* 54–55
    early Mesoamerican, **A** *2:* 265–66
    Inca, **A** *1:* 224
    kingdom of Chimor, **A** *1:* 152
    Maya, **A** *2:* 401–2, 402 (ill.), 420; **BPS** 146 (ill.)
    Moche, **A** *1:* 99–100, 100 (ill.)
    Nazca, **A** *1:* 84–85
    Olmec, **A** *2:* 285
    Teotihuacán, **A** *2:* 330–31
    Wari, **A** *1:* 133, 134 (ill.)
Poverty Point, Louisiana
    A *2:* 452
Pre-Ceramic era, Cotton
    A *1:* 44–48
Pre-Classic era
    A *2:* 268, 341, 349–53
    BPS 74
Pre-Clovis sites
    A *1:* 25–27
Pre-Columbian
    civilizations, **A** *1:* 16–17, 16 (ill.); *2:* 452–53; **BPS** 73
    defined, **A** *1:* 3, 21, 76, 88, 106, 138, 242; *2:* 392
    remains, **A** *1:* 30–31
Pre-Hispanic codices
    BPS 196–99
Prehistory
    defined, **A** *1:* 3, 21; *2:* 262, 334, 392
    evidence from **A** *1:* 20–21
    glyphs and, **A** *2:* 271–72
    reading about, **A** *1:* 15–17
Pre-Olmec culture
    A *2:* 266–69
Priest-rulers
    Maya, **A** *2:* 380–85
    Olmec, **A** *2:* 288–89
    Tiwanaku, **A** *1:* 114–15
    Toltec, **BPS** 166

Zapotec, **A** *2:* 308, 309–10
Priests
    Aztec, **A** *2:* 463, 523, 547; **BPS** 181, 195–96, 280
    Inca, **A** *1:* 205–6
    Maya, **A** *2:* 393; **BPS** 93–94
    Mesoamerican, **BPS** 205–6
    Olmec, **A** *2:* 289–90, 290 (ill.)
    role of, **A** *1:* 7
La primer nueva corónica y buen gobierno (Poma de Ayala)
    BPS 4, 9, 38 (ill.), 61 (ill.), 63, 65–70
Primogeniture
    A *2:* 372
Principal wives
    BPS 29, 52, 237
Prisoners of war
    BPS 238–39
    Aztec sacrifice of, **A** *2:* 472, 473–74, 473 (ill.), 492, 494, 510
    flower wars and, **A** *2:* 472, 473, 486
    Maya sacrifice of, **A** *2:* 379 (ill.), 380, 383
    Toltec sacrifice of, **A** *2:* 449
    Wari sacrifice of, **A** *1:* 130
Propaganda
    A *1:* 122, 133; *2:* 300
Proskouriakoff, Tatiana
    A *2:* 395
    BPS 107
Proto-Mayan language
    A *2:* 338–39
Puberty ceremony
    A *1:* 208, 230, 237; *2:* 426
    BPS 52
Public administrators
    A *1:* 223–24
Public projects
    A *1:* 5–6, 7
Pueblo Indians
    A *2:* 453
Pulque
    A *2:* 447, 524–25
    BPS 164
Puma
    BPS 145

Puna
  A *1:* 38, 40 (ill.)
Pyramid B
  A *2:* 442, 443
Pyramid C
  A *2:* 442
Pyramid IV
  A *2:* 356–57
Pyramid of the Magician
  A *1:* 15 (ill.)
Pyramid of the Moon
  A *2:* 318–19, 325
Pyramid of the Sun
  A *1:* 13; *2:* 318–19, 323 (ill.), 324, 325
Pyramids. *See also* Architecture
  BPS 130–34, 177–78
  Caral, A *1:* 49
  Maya, A *2:* 351–52, 356–57, 367, 367 (ill.), 398
  Olmec, A *2:* 282
  in Peru, A *1:* 11–12
  Teotihuacán, A *2:* 318–19
  Toltec, A *2:* 441–42
Pyrite
  A *2:* 419

Q

Quarters
  BPS 45
Quechua language
  A *1:* 157, 200, 214–15, 242, 259
  BPS 2, 17, 21, 23, 64, 65–66, 69
Quetzal bird
  A *2:* 420, 438, 514
  BPS 144, 144 (ill.), 165, 279
Quetzal bird snake. *See* Quetzalcoatl
Quetzal plumage
  BPS 229
Quetzalcoatl
  A *2:* 320 (ill.)
  BPS 161 (ill.), 168 (ill.)
  Codex Borgia on, **BPS** 200
  cult of, **BPS** 164
  emergence of, A *2:* 503

Kukulcán and, **BPS** 141
Maya and, A *2:* 373
Nezahualcoyotl and, **BPS** 227
return of, A *2:* 532–33, 539
Spanish conquest and, **BPS** 167–68, 240–41
Tenochtitlán and, A *2:* 463
Teotihuacán and, A *2:* 319–20, 328–29, 451–52
Toltec and, A *2:* 442, 447–48, 448 (ill.), 451–54
Topiltzin-Quetzalcoatl and, **BPS** 162, 163
worship of, **BPS** 165
Quiché Maya
  history of, **BPS** 75, 137–38, 148
  modern, **BPS** 149
  Popol Vuh and, **BPS** 76, 79, 137
  religion, **BPS** 141
  Spanish conquest and, **BPS** 139
Quichicoy
  A *1:* 230
Quinine
  A *1:* 218
Quinoa
  A *1:* 222
  BPS 27
Quipu
  BPS 33–40, 37 (ill.), 38 (ill.)
  Betanzos on, **BPS** 26
  construction of, **BPS** 35, 37, 39–40
  deciphering, **BPS** 34–38
  defined, A *1:* 122, 181, 200; **BPS** 26
  development of, **BPS** 8, 34
  Inca and, A *1:* 186, 217–18, 217 (Ill.)
  Pachacutec and, **BPS** 3, 18
  Wari and, A *1:* 123, 134
Quipu camayocs
  A *1:* 186, 217, 218, 224
  BPS 34, 37, 39
Quiriguá, Guatemala
  A *2:* 362, 399

BPS 116, 119, 119 (ill.)
Quito
  BPS 13, 52
Quito, Ecuador
  A *1:* 175–76, 243

R

Radiocarbon dating
  A *1:* 21, 37
Raimi festival
  BPS 48
Raimondi Stone
  A *1:* 63–64, 69, 70 (ill.)
Rain forests
  A *2:* 341 (ill.)
  defined, A *2:* 334, 348
  destruction of, A *2:* 425
  Maya and, A *2:* 340, 353, 354, 425
Rain Gods
  BPS 177, 183, 200, 244
  Aztec, A *2:* 463, 504
  Maya, A *2:* 375
  Olmec, A *2:* 289–90
  Teotihuacán, A *2:* 328 (ill.), 329
  Zapotec, A *2:* 309
Rainbow Goddess
  A *2:* 373
Rainwater collection
  A *2:* 424–25
Raised farming system
  A *1:* 116–17
Raw Thunderbolt
  BPS 141
Reciprocity principle
  A *1:* 131, 188
Record keeping
  BPS 33
Red House
  A *2:* 365
Red Tezcatlipoca. *See* Xipe Totec
Reeds, *shicra*
  A *1:* 49–50, 50 (ill.)
Reiche, Maria
  A *1:* 81–82
Reinhard, Johan
  A *1:* 82–83
Relación de las cosas de Yucatán (Landa)
  A *2:* 344, 406–7

Religion. *See also* Christianity; Gods
　Aztec, **A** *2:* 502–11; **BPS** 165, 174, 182–84, 195–96, 200, 213, 281
　Chavín, **A** *1:* 59, 66, 68, 69–70
　development of, **A** *1:* 7
　early Mesoamerican, **A** *2:* 268–69
　Inca, **A** *1:* 181–82, 189, 199–210
　kingdom of Chimor, **A** *1:* 150–51
　Maya, **A** *2:* 371–89; **BPS** 165, 167
　Moche, **A** *1:* 96–99
　Nazca, **A** *1:* 79
　Olmec, **A** *2:* 289–92
　post-Spanish conquest, **A** *2:* 549–50
　Quiché Maya, **BPS** 141
　Tiwanaku, **A** *1:* 118–19
　Toltec, **A** *2:* 451–52; **BPS** 163–64, 164 (ill.), 166
　Wari, **A** *1:* 132–33
Religious art
　A *2:* 397–98
Religious rites
　A *2:* 262
Relocation policy
　A *1:* 189
Remains
　A *1:* 21, 30–31
Remission, defined
　BPS 48
Residential architecture
　Aztec, **A** *2:* 464
　Inca, **A** *1:* 231–33, 231 (ill.)
　Maya, **A** *2:* 427–28, 428 (ill.)
　Teotihuacán, **A** *2:* 321–22
Reverence, defined
　BPS 267
Rituals
　A *1:* 200; *2:* 277, 300, 348, 372, 392, 502
River levees
　A *2:* 288
River valleys
　A *1:* 55–56
Rivera, Oswaldo
　A *1:* 116, 117

Roads
　BPS 17
　Aztec, **A** *2:* 464
　Inca, **A** *1:* 191–92, 192 (ill.), 216
　Maya, **A** *2:* 353, 422
　Teotihuacán, **A** *2:* 318–19
　Wari, **A** *1:* 123
Rock shelters
　A *2:* 262
Roller stamp, stone. *See* Olmec Stone Roller Stamp
Roman calendars
　BPS 97–98
Roman number systems
　BPS 91
Romances de los señores de Nueva España
　A *2:* 519
　BPS 231
Romances of the Lords of New Spain
　BPS 231
Ross, John F.
　A *1:* 49
Rowe, John Howland
　A *1:* 72
Royal Commentaries of the Incas (de la Vega)
　A *1:* 169
　BPS 3–4, 9, 41–50
　Chapter I, **BPS** 44–46
　Chapter II, **BPS** 46–47
　Chapter III, **BPS** 47–48
　on Pachacutec, **BPS** 13
　Volume II, **BPS** 49
Royal seal
　BPS 84
Rubber
　A *2:* 281, 287, 292, 420
Ruler-priests. *See* Priests
Rulers. *See also* Government
　ahaw, **A** *2:* 380–85
　Aztec, **A** *2:* 484–85, 488; **BPS** 152, 173
　of Copán, **BPS** 78, 112–16
　divine right of, **A** *1:* 146–47; *2:* 398
　Inca, **A** *1:* 170 (ill.), 171, 182–84
　kingdom of Chimor, **A** *1:* 146–47, 150–51

　Maya, **A** *2:* 380–85; **BPS** 111–12, 131
　Olmec, **A** *2:* 288–89; **BPS** 82
　of Palenque, **BPS** 78, 127, 131, 132
　Tiwanaku, **A** *1:* 114–15
　Toltec, **BPS** 166
　Zapotec, **A** *2:* 308, 309–10
Runasimi. *See* Quechua language
Runners
　A *1:* 192, 193 (ill.)
Rutichikov ceremony
　A *1:* 230
Ruz Lhuillier, Alberto
　BPS 133

S

Sacred calendars
　A *2:* 306–7
　Aztec, **A** *2:* 506, 512–13; **BPS** 182–84, 200, 202–3, 203 (ill.), 205
　Calendar Round and, **BPS** 102
　Long Count and, **BPS** 103
　Maya, **A** *2:* 377, 407–8, 409 (ill.); **BPS** 93–99, 96 (ill.)
　Mixtec, **BPS** 205
　Olmec, **A** *2:* 296, 306; **BPS** 84
　Teotihuacán, **A** *2:* 331
　Zapotec, **BPS** 77
Sacred geography
　A *1:* 70
Sacrifice rituals. *See also* Human sacrifice rituals
　BPS 47–48
Sacrifices. *See also* Animal sacrifices; Human sacrifices
　defined, **A** *1:* 37, 106, 200; *2:* 372, 438, 458
　Fifth Sun legend and, **A** *2:* 324–25
　Inca, **A** *1:* 205, 205 (ill.)
　Maya, **A** *2:* 379
Sacrificial stone
　A *2:* 509, 510 (ill.), 511

Sacrilege
  BPS 47
Sacsahuaman, Peru
  A 1: 160–61, 160 (ill.), 175, 253
  BPS 15, 43
Sahagún, Bernardino de
  A 2: 437, 468, 469
  BPS 271, 281–82
Sak Kuk
  BPS 128–29, 131
Salt
  A 2: 498
Salvatierra, Juan Xaramillo de
  BPS 258
San Andres, Mexico
  BPS 81, 84, 85
San Bartolo, Guatemala
  A 2: 352, 403–4
San José Mogote
  A 2: 302–3, 311
  BPS 84
San Lorenzo, Mexico
  A 2: 279–81, 285–86, 287–88, 292
San Lorenzo Tenochtitlán
  A 2: 279
San Pedro cactus
  A 1: 70
Santiago, Chile
  BPS 13
Sapa Inca
  A 1: 9, 182–84
  BPS 2, 47, 52
  chosen women and, A 1: 207
  defined, A 1: 157, 180, 181
  mummy, A 1: 204, 239–40
  palace of, A 1: 184 (ill.)
  status of, A 1: 223
  wives of, A 1: 182–83
Sarcophagus
  A 2: 360, 392, 400
  BPS 132, 134
Sarmiento de Gamboa, Pedro
  A 1: 168
  BPS 18
Saturno, William
  A 2: 352
Sayri Tupa Inca
  A 1: 171, 254–55

Schele, Linda
  A 2: 366, 382
Schools
  A 2: 463, 493–94, 523
Scribes
  BPS 196, 211
  Aztec, A 2: 516 (ill.), 517
  defined, A 2: 392, 416, 502
  Maya, A 2: 392–93, 394–95
Script
  A 2: 277
Sculpture, stone. See Stone carvings
Sculptures. See also Stone carvings
  A 2: 276, 280, 281 (ill.), 282, 283 (ill.), 285, 292–93, 351, 417, 418–19, 420, 514
Sea goddess
  A 1: 202
Sea gods
  BPS 141
Sea worship
  A 1: 150
Seaworthy boats
  A 1: 27–28
Seclusion, defined
  BPS 46
Sedentary
  A 1: 3
Semi-nomads
  A 1: 40
Semi-subterranean Temple
  A 1: 110 (ill.), 112, 119 (ill.)
Serpent God
  A 2: 448
Serpent Wall
  A 2: 443, 443 (ill.)
Serpentine
  A 2: 292
Sewage systems
  A 1: 114, 120, 159; 2: 465, 496–97
Shady Solís, Ruth
  A 1: 49–51, 53
Shaman-kings. See Priests
Shamans
  A 1: 62, 70; 2: 372, 378–80

Shark imagery
  A 2: 292
Sheep
  A 1: 43
Shepherds
  BPS 39
Sherman, William L.
  A 2: 444, 490
Shicra
  A 1: 47, 49–50, 50 (ill.)
Shrine of the Idols
  A 1: 46–47
Shrine of the Moon
  A 1: 89–92, 91 (ill.), 96, 98–99
Shrine of the Sacrifices
  A 1: 46–47
Shrine of the Sun
  A 1: 89–92, 90 (ill.), 96
Shrines
  A 1: 70, 203–4, 206
Sierras
  BPS 28
Silver
  A 1: 147 (ill.), 248, 251
  BPS 59–60, 69
Silver mines
  A 1: 228, 257
Sinchi Roca
  A 1: 170 (ill.), 171
Sipán, Peru
  A 1: 94–95, 95 (ill.), 101, 144
Sky gods
  BPS 141
Slab carvings
  A 2: 305, 305 (ill.), 311–12
  BPS 84–85
Slash-and-burn agriculture
  A 2: 288, 423–25, 424 (ill.)
Slaves
  A 2: 388, 422, 491–92
Smallpox
  Aztec and, A 2: 542–43, 544; BPS 159, 273, 274
  defined, A 2: 530
  Incas and, A 1: 176, 244–45, 247, 257; BPS 8, 51, 53
  Maya and, A 2: 369; BPS 78–79
Smoke Imix (Smoke Jaguar)
  A 2: 362

BPS 113, 114
Smoke Shell
  A 2: 362, 400
  BPS 113, 116, 124
Smoke Squirrel
  BPS 113
Smoked Mirror
  A 2: 447–48, 503
  BPS 163–64, 183, 200
Snake imagery
  A 2: 455
Snake Woman. *See also* Cihuacoatl
  A 2: 489
Snake-footed God
  BPS 118
Social class. *See* Class system
Social rights
  A 1: 196
Socialism
  A 1: 196
Solar calendars
  A 2: 306–7
  Aztec, A 2: 506, 513; BPS 182–84, 205
  Calendar Round and, BPS 102
  Long Count and, BPS 103
  Maya, A 2: 377, 408–10; BPS 93, 96–97
  Mixtec, BPS 205
  Olmec, A 2: 296, 306; BPS 84
Solar cycle calendars
  A 2: 377–78, 410, 506
Soldiers. *See* Military forces
Solstice
  A 2: 348, 392, 412
Solutrean culture
  A 1: 28
"Song of Springtime"
  BPS 232–33
Songs. *See also* Poetry
  A 1: 215–16; 2: 518
  Aztec, BPS 160, 221–22, 232, 271
  quipu and, BPS 34–35
  of sorrow, BPS 272, 277, 279–80
Sorrow, songs of
  BPS 272, 277, 279–80
Soto, Hernando de
  A 1: 249

Southeast Asia
  A 1: 29
Sovereign Plumed Serpent
  BPS 141, 143–47, 145 (ill.)
Sown, defined
  BPS 145
Spanish chronicles. *See also* Díaz, Bernal
  on Aztecs, A 1: 16–17; 2: 468–69; BPS 211, 262
  on Incas, A 1: 165, 166–67, 168–69; BPS 21–31, 41–50, 63, 65–70
  on kingdom of Chimor, A 1: 144–46
  on Montezuma II, A 2: 532
Spanish conquest. *See also* Cortés, Hernán; Pizarro, Francisco
  aftermath of, A 2: 546–49
  Atahuallpa and, BPS 55–61, 66–69, 67 (ill.), 68 (ill.)
  Aztec and, A 1: 12–13; 2: 501–2, 529–51; BPS 154–55, 167–68, 253–57
  in Cuzco, A 1: 251–54; BPS 43, 49, 69–70
  Díaz, Bernal on, A 2: 468–69; BPS 263–69
  epidemics and, A 2: 542–43
  Garcilaso de la Vega on, BPS 43–44, 49
  gold and, A 1: 247–48, 249–51, 254
  Incas and, A 1: 176–77, 241–60; BPS 9
  Machu Picchu and, A 1: 164
  Maya and, A 1: 14; 2: 342, 368–69; BPS 75–76, 78–79, 249, 252
  Mesoamerican peoples and, A 2: 269
  Mesoamerican priests and, BPS 205–6
  Montezuma II and, BPS 154–55, 240–45
  poems on, BPS 271
  Poma de Ayala on, BPS 64–65, 66, 69

Quetzalcoatl and, BPS 167–68
Quiché Maya and, BPS 139
quipu and, BPS 34, 39
rebellion against, A 1: 251–54, 257
revolt against, BPS 70
of Tenochtitlán, BPS 154–55, 184, 189–90, 242–45, 250–54, 257–58, 263–69, 272–76
of Vilcabamba, BPS 42
written accounts of, A 1: 16–17
Spanish missionaries. *See* Missionaries
Spanish-style architecture
  A 1: 258 (ill.), 259
Spear points, Clovis
  A 1: 24–25, 25 (ill.), 28
Spear throwers
  A 2: 495
Spear-thrower Owl
  A 2: 326
Specialize
  A 1: 3
Speech scroll
  A 2: 295–96, 296 (ill.)
  BPS 82–83, 85
Spider Woman
  A 2: 327–28
Spirit nature
  A 2: 289–90, 372
Spondylus shell
  A 1: 134, 150
Squatting position
  A 1: 232
Staff God
  A 1: 53–54, 63–64, 69, 70 (ill.), 113
Starvation. *See* Famine
Stela A
  BPS 116–23, 120 (ill.), 121 (ill.), 122 (ill.), 123 (ill.)
Stela C
  A 2: 283, 294, 295
  BPS 101
Stelae
  Copán, BPS 111–26, 120 (ill.), 121 (ill.), 122 (ill.), 123 (ill.)

defined, **A** *1:* 61, 106; *2:* 277, 334, 348, 372, 392, 416
Long Count dates on, **BPS** 103–4, 104 (ill.), 106 (ill.)
Maya, **A** *2:* 356 (ill.), 357, 362, 363 (ill.), 381, 398–400; **BPS** 73, 75–76, 78, 111–26, 120 (ill.), 121 (ill.), 122 (ill.), 123 (ill.)
La Mojarra, **BPS** 101
Olmec, **A** *2:* 283, 294, 295; **BPS** 101–2
Stephens, John Lloyd
A *2:* 334–38, 340, 345, 361–62, 364
BPS 124
Stingray spines
BPS 117
Stirling, Matthew
A *2:* 276
Stirling, Stuart
A *1:* 237
Stirrup spout vessels
A *1:* 100
Stone carvings. *See also* Stelae
BPS 127, 164 (ill.)
Aztec, **A** *2:* 513
Chavín, **A** *1:* 62, 63, 63 (ill.), 70–71
Maya, **A** *2:* 398
Olmec, **A** *2:* 285
Teotihuacán, **A** *2:* 331
Tiwanaku, **A** *1:* 119 (ill.), 120
Toltec, **A** *2:* 455
Zapotec, **A** *2:* 305, 305 (ill.), 310, 311–12
"Stone in the Center"
A *1:* 107
Stone masonry. *See also* Architecture
A *1:* 119–20, 157, 200, 211–12
BPS 15–16, 16 (ill.), 147
Stone roller stamp. *See* Olmec Stone Roller Stamp
Stonemasons
A *1:* 106
Storehouses
BPS 27–28

Storytellers. *See also* Oral tradition
A *1:* 133, 166–67, 214
BPS 174, 221–22
Streets. *See* Roads
Stuart, David
BPS 113–14, 115–16
Subordinate
A *2:* 478
Subtraction
BPS 90
Succession
A *1:* 138; *2:* 478
Suma y narración de los Yngas. See Narrative of the Incas (Betanzos)
Sumerians
A *1:* 9
Sumptous, defined
BPS 268
Sun, child of the
BPS 26
Sun, Festival of the
A *1:* 207, 208–10, 210 (ill.)
Sun Gods
Aztec, **A** *2:* 483, 508 (ill.); **BPS** 183–84, 188, 200, 200 (ill.)
Inca, **A** *1:* 167, 167 (ill.), 182, 201, 202; **BPS** 17, 26, 43
Maya, **A** *2:* 349–51, 374–75; **BPS** 129
Teotihuacán, **A** *2:* 329
Tiwanaku, **A** *1:* 112–13, 112 (ill.)
Sun Lord Quetzal Macaw
A *2:* 362
Sun Stone. *See* Aztec Sun Stone
Supe Valley, Peru
A *1:* 11–12, 53
BPS 7
Supplementary Series elements
BPS 104–5
Surplus goods
A *1:* 3, 5–6, 196, 233–34
BPS 25, 27–28
Suyo
A *1:* 157
Suyus
A *1:* 158

Syllabograms
A *2:* 392, 394–95
Symbols
BPS 85

T

Tacuba, Mexico
BPS 264, 266, 267
Tahuantinsuyu
A *1:* 157, 158
Taima-Taima, Venezuela
A *1:* 26, 64–65
Taki Unquy
BPS 64
Talud-tablero
A *2:* 331
Tamales
A *2:* 429
Tapir
BPS 143–47
Tarascans
A *2:* 486
Tattoos
A *2:* 432, 525
Tawantinsuyu
A *1:* 157, 158
BPS 2
Taxes. *See also* Tribute
A *2:* 483, 498
Taycanamo
A *1:* 145
Taypi Kala
A *1:* 107
Tedlock, Dennis
BPS 137, 142, 149
Tello Obelisk
A *1:* 63, 69
Telpochcalli
A *2:* 463, 523
Temple mounds. *See also* Architecture; Pyramids
Cahuachi, **A** *1:* 77
Caral, **A** *1:* 49–51
Chavín, **A** *1:* 61–65, 63 (ill.), 64 (ill.), 66, 69–70
Cotton pre-Ceramic era, **A** *1:* 45–46
El Paraíso site, **A** *1:* 48
Temple of Inscriptions
A *2:* 359–60, 400
BPS 130–34, 130 (ill.)

Temple of Quetzalcoatl
A 2: 319–20, 320 (ill.)
Temple of the Cross
A 2: 361
Temple of the Danzantes
A 2: 305, 305 (ill.), 310, 310 (ill.)
Temple of the Foliated Cross
A 2: 361
Temple of the Sun
A 1: 159, 202, 203 (ill.), 204; 2: 361
BPS 15, 45, 60
Temple of the Three Lintels
A 2: 366
Temple of the Warriors
A 2: 367
Templo Mayor
A 2: 463
Ahuitzotl and, BPS 237
Malinche on, BPS 257
Montezuma I and, BPS 177–78
rediscovery of, BPS 192
Spanish and, BPS 189–90, 243–44
Sun Stone and, BPS 184
Tenayuca, Mexico
BPS 215, 216
Tenochtitlán, Mexico. See also Aztecs; Templo Mayor
architecture, BPS 192
Aztec Sun Stone and, BPS 184
Codex Mendoza on, BPS 213–14, 215–16, 216 (ill.)
Cortés, Hernán in, A 2: 538–43, 540 (ill.)
daily life in, BPS 213
description of, A 1: 14 (ill.), 15; 2: 461–65, 462 (ill.), 464 (ill.)
Díaz on, BPS 263–69, 276
establishment of, A 2: 461–62, 470–71; BPS 153, 158, 162, 212–14, 216 (ill.), 217
fall of, A 2: 544–46, 545 (ill.); BPS 272–76, 278 (ill.)

human sacrifice rituals, BPS 225–26
location of, A 2: 460, 460 (ill.)
map of, BPS 264 (ill.)
marketplace, A 2: 320, 327, 498
Montezuma I and, BPS 171
Nezahualcoyotl and, BPS 223
poems on, BPS 271
population of, BPS 264
rebuilding, BPS 237, 250–51
siege of, BPS 274, 279
Spanish conquest of, BPS 184, 189–90, 242–45, 250–54, 257–58, 263–69, 272–76
Tepanecs and, A 2: 479–80
Triple Alliance and, BPS 152–53, 173–75, 224
water for, BPS 225
Tenochtli
BPS 215
Teopantecuanitlán, Mexico
A 2: 284
Teotihuacán, Mexico
A 2: 267, 315–32
BPS 148, 157, 161
architecture, A 2: 318–22, 319 (ill.), 321 (ill.), 323 (ill.), 331
art and sciences, A 2: 329–31, 330 (ill.)
Aztec and, A 2: 463
decline of, A 1: 13; 2: 331–32, 445, 465
development of, A 2: 272, 465
economy, A 2: 325, 326–27, 419
government, A 2: 326
history of, A 2: 322–26
layout of, A 1: 13 (ill.); 2: 318–19
location of, A 2: 317–18, 318 (ill.)
Olmec and, A 2: 287–88
Quetzalcoatl and, A 2: 451–52
religion, A 2: 327–29, 503

Zapotecs and, A 2: 300
Tepanecs
A 2: 471, 477, 479–80
BPS 152, 172, 223
Tepeaca
BPS 178
Tequihua
BPS 236
Terraces
Aztec, A 2: 496
defined, A 1: 181
Inca, A 1: 194, 195 (ill.), 196, 226–27
Maya, A 2: 424
Wari, A 1: 128, 129 (ill.)
Zapotec, A 2: 304
Tetlepanquetzal
BPS 277, 279, 280
Tetlepanquetzaltzin. See Tetlepanquetzal
Teules
BPS 268
Texcocans
A 2: 481
BPS 223
Texcoco, Lake
A 1: 14–15, 14 (ill.); 2: 465
BPS 158, 176, 214
Texcoco, Mexico
A 2: 471, 474, 477, 481–83
Nezahualcoyotl and, BPS 222–23, 225
Triple Alliance and, BPS 152, 158, 173–75, 224, 264, 277
Textiles
Chavín, A 1: 71
Inca, A 1: 212–13, 213 (ill.)
kingdom of Chimor, A 1: 144, 148, 149, 150
Moche, A 1: 100, 102
modern, A 1: 259
Tiwanaku, A 1: 118, 118 (ill.)
Wari, A 1: 134
Tezalco
BPS 237
Tezcatlipoca
A 2: 447–48, 451–54, 463, 533
BPS 163–64, 166, 183, 200, 241

Tezcoco, Mexico. *See* Texcoco, Mexico
Tezozomoc
　BPS 172, 223
Theorize
　A *2:* 277
Thevet, André
　BPS 217
Thompson, J. Eric
　A *2:* 394
Thomson, Hugh
　A *1:* 165
Three-dimensional writing systems
　BPS 38
Thunder God
　A *1:* 202
Thunupa
　A *1:* 113
Tiahuanaco culture. *See* Tiwanaku culture
Tibitó, Colombia
　A *1:* 26
Tikal, Guatemala
　BPS 73, 78, 111
　rise and decline of, **A** *2:* 333, 347, 353–58, 385
　trade center, **A** *2:* 420, 421
　Zapotecs and, **A** *2:* 300
Timbrels
　BPS 230
Time cycles
　BPS 94–95, 108, 181, 217–18
Titicaca, Lake
　A *1:* 107–8, 108 (ill.), 109 (ill.), 114, 172, 201
　BPS 14
Titu Cusi
　A *1:* 171, 254–56
Tiwanaku, Bolivia
　A *1:* 108–14, 111 (ill.), 117, 119 (ill.), 174
Tiwanaku culture
　A *1:* 105–20
　agriculture, **A** *1:* 116–17
　architecture, **A** *1:* 108–14, 110 (ill.), 111 (ill.), 112 (ill.)
　art and sciences, **A** *1:* 118 (ill.), 119–20
　decline of, **A** *1:* 120, 135
　economy, **A** *1:* 115–18

government, **A** *1:* 114–15
history, **A** *1:* 114
location of, **A** *1:* 107–8, 108 (ill.)
religion, **A** *1:* 54, 118–19
Wari and, **A** *1:* 105–6, 121, 127–28, 132, 135
Tizoc
　A *2:* 485
　BPS 236
Tlacaelel
　A *2:* 472, 484
　BPS 172–73, 174, 179
Tlacatecuhtli
　BPS 278
Tlachinolli
　BPS 188
Tlachtli
　A *2:* 290
Tlacopan, Mexico
　A *2:* 471, 474, 477, 481
　BPS 152, 158, 173–75, 224, 277
Tlacotzin the Tlailotlacatl
　BPS 276
Tlacuilos
　BPS 196, 211
Tlahuicans
　A *2:* 484–86
Tlaloc
　A *2:* 328 (ill.), 329, 463, 504
　BPS 177, 183, 200, 244
Tlamanalco, Mexico
　BPS 264
Tlamatinime
　BPS 222, 227, 232, 271, 277
Tlascala, Mexico
　BPS 264
Tlatelolcans
　BPS 276
Tlatelolco, Mexico
　A *2:* 470–71, 482–83
Tlatilco, Mexico
　A *2:* 267
Tlatoani
　A *2:* 458, 466, 472, 478, 489
Tlaxcala, Mexico
　A *2:* 473, 474
　BPS 242, 253

Tlaxcalans
　A *2:* 486, 537–38, 542–43, 546
　Cortés and, **BPS** 159, 242, 250, 273–74, 273 (ill.)
　fall of Tenochtitlán and, **BPS** 253–57, 275
Tloque Nahuaque
　BPS 225–26, 228
Tochtli
　BPS 186, 190 (ill.)
Toledo, Francisco de
　A *1:* 256
　BPS 70
Tollan. *See* Tula, Mexico
Toltec culture
　A *1:* 14–15; *2:* 437–56
　agriculture, **A** *2:* 450–51
　architecture, **A** *2:* 441–44, 442 (ill.), 443 (ill.), 455, 455 (ill.)
　art and sciences, **A** *2:* 444, 454–55, 455 (ill.)
　Aztec and, **A** *1:* 14–15; *2:* 437–39, 444, 480, 503; **BPS** 151–52
　Chichén Itzá and, **A** *2:* 444–45; **BPS** 78
　collapse of, **BPS** 166
　decline of, **A** *2:* 455–56, 465, 466
　economy, **A** *2:* 450–51
　government, **A** *2:* 449–50
　history of, **A** *2:* 445–49, 466; **BPS** 157–58, 161, 165–66, 174
　human sacrifice rituals, **BPS** 163–64, 165–66
　important sites, **A** *2:* 441–44
　location of, **A** *2:* 440–41, 440 (ill.)
　Maya and, **A** *2:* 366–68
　Nezahualcoyotl and, **BPS** 227
　oral tradition, **BPS** 168–69
　Quiché Maya and, **BPS** 138
　religion, **A** *2:* 451–52; **BPS** 163–64, 164 (ill.), 166
Tolteca. *See* Toltec culture
Toltec-Chichimecs
　A *2:* 440, 446

Tombs. *See* Burial chambers
Tonalpohuialli
   A *2:* 512–13
   BPS 182–84, 200, 202, 203 (ill.)
Tonatiuh
   BPS 184, 185–86, 188, 200, 200 (ill.)
Tooth decoration
   A *2:* 432
Topiltzin-Quetzalcoatl
   A *2:* 446, 447–58
   BPS 151, 157, **161–69**, 164 (ill.)
Topper, South Carolina
   A *1:* 26
Totonacs
   A *2:* 537
   BPS 242
Tourism
   A *1:* 259
Trade
   Aztec, A *2:* 490–91, 497–98, 499
   Cancuen, A *2:* 418–22
   Caral, A *1:* 51–52
   Chavín culture, A *1:* 68–69
   early Mesoamerican, A *2:* 268
   Inca, A *1:* 195, 196
   kingdom of Chimor, A *1:* 147–48, 149
   Maya, A *2:* 418–22
   Olmec, A *2:* 285–86, 287–88
   Teotihuacán, A *2:* 322, 326–27
   Tikal, A *2:* 420, 421
   Tiwanaku, A *1:* 116, 118
   Toltec, A *2:* 453
   Wari, A *1:* 128, 130–32, 134
Traders, Aztec
   A *2:* 490–91, 496, 517
Tragedy of the End of Atahuallpa
   A *1:* 216
Train
   BPS 267
Trance state
   A *2:* 289–90, 372, 377, 380
Transformation
   A *2:* 372

Transformation, defined
   BPS 147
Transgression, defined
   BPS 48
Treason
   A *1:* 193
Trecenas
   BPS 202–3
Tree of the World
   BPS 132–34
Tres Zapotes, Mexico
   A *2:* 283–84, 286, 292, 294
   BPS 101
Trial marriages
   A *1:* 229
Tribute
   BPS 174–75, 213, 238, 274
   Aztec, A *2:* 481, 483–85, 487, 494–96, 499
   Chavín, A *1:* 66
   defined, A *1:* 61, 138, 157; *2:* 300, 316, 438, 458, 478, 530
   Spanish, A *2:* 535
Triple Alliance
   A *2:* 471, 477, 480–81, 484
   BPS 152, 158, 173–75, 224, 276–77, 280
Trophy heads
   A *1:* 76, 106, 111, 122, 130
True History of the Conquest of New Spain (Díaz). *See also Historia verdadera de la conquista de Nueva España* (Díaz)
   A *2:* 468–69, 534, 539
The True Story of the Conquest of Peru. See Verdadera relación de la conquista del Peru (Xerez)
Túcume, Peru
   A *1:* 139 (ill.), 142–43, 144
Tula, Mexico
   A *2:* 367, 439, 441–44, 442 (ill.), 443 (ill.)
   BPS 157, 161, 163–64, 166
Tulúm, Mexico
   A *2:* 338

Tulan Zuyua
   BPS 148
Tumbes, Peru
   A *1:* 158 (ill.), 248
   BPS 55
Tumebamba, Ecuador
   A *1:* 174–75
Tupac Amarú
   A *1:* 171, 254, 256–57, 256 (ill.)
   BPS 42, 70
Tupac Amarú II
   A *1:* 257
   BPS 49
Tupac Inca Yupanqui
   A *1:* 170 (ill.), 171, 173, 174–75, 182
   Pachacutec and, **BPS** 18–19
   Poma de Ayala and, **BPS** 64
   rule of, **BPS** 8, 11, 13, 14, 19
Turquoise
   A *2:* 453
Tuxtla Mountain
   A *2:* 287
Tuxtla statuette
   A *2:* 294–95
Twenty
   BPS 91
Two-calendar systems
   A *2:* 283–84, 294, 296, 306
Tzapotecatle. *See* Zapotecs
Tzeltal
   A *2:* 434
Tzolkin. See Sacred calendars
Tzompantli
   A *2:* 443–44, 463, 511
   BPS 215, 244
Tzotzil
   A *2:* 434

U

Uaxaclajuun Ub'aah K'awiil. *See* 18 Rabbit
Uaxactún, Guatemala
   A *2:* 338
Uayeb
   A *2:* 408
   BPS 97

Ulama
   A *2:* 290
Uncu
   BPS 47
Underworld
   A *2:* 375–80
United States, pre-Columbian societies
   A *2:* 452–53
Untrodden place
   BPS 48
Upper class. *See also* Nobles
   A *1:* 6, 51
Urban life
   A *1:* 3–8
Urbanization
   A *1:* 3
Urco
   A *1:* 172–73
Urns, Maya
   BPS 146 (ill.)
Urton, Gary
   BPS 37–38, 39
Urubamba River gorge
   A *1:* 163–64
U-shaped monumental architecture
   A *1:* 48, 61
Ushnu
   A *1:* 157, 162
Utatlén
   BPS 139
Uxmal, Mexico
   A *1:* 15 (ill.); *2:* 337, 338, 365, 368, 387

V

Vague calendars. *See* Solar calendars
Valley of Mexico
   BPS 153, 176–77, 214
   cities, A *2:* 165
   defined, A *1:* 3
   description of, A *1:* 14; *2:* 270 (ill.), 461
   early Mesoamerican settlements, A *2:* 267–68, 272
   history of, A *2:* 465–66
   oral tradition, A *2:* 471–72
Valor
   BPS 280

Valverde, Vicente de
   BPS 58, 66–67, 67 (ill.)
Van Stone, Mark
   A *2:* 393, 402
Vara
   BPS 47
Vassals
   BPS 266
Vatican
   BPS 204
Vega, Garcilaso de la. *See* Garcilaso de la Vega
Velázquez, Diego
   A *2:* 534–35, 540–41
Veneration, defined
   BPS 47, 229
Ventilla, Peru
   A *1:* 77–78
Venus
   A *2:* 453, 513
Veracruz, Mexico
   BPS 244, 250
Verdadera historia de la conquista de Nueva España (Díaz)
   A *2:* 468–69, 534, 539
Verdadera relación de la conquista del Peru (Xerez)
   BPS 59
Vicuña
   A *1:* 37, 42, 43
Vigesimal number systems
   BPS 88, 90, 91, 102
   Aztec, A *2:* 511–12
   defined, A *2:* 300, 392, 502
   Maya, A *2:* 405–6
Vilcabamba, Peru
   A *1:* 164–65, 254
   BPS 9, 22, 42, 70
Villac Umu
   A *1:* 181, 200, 205–6, 223
Village settlements
   A *2:* 265–66, 430–31
Viracocha
   A *1:* 113, 119, 170 (ill.), 171–73, 201–2, 202 (ill.)
Viracocha Inca
   BPS 11–12
Virgins, house of. *See* House of the chosen women
Virgins of the Sun
   A *1:* 206–7, 207 (ill.), 229

Visíon de los vencidos (León-Portilla)
   BPS 272
Volcanos
   A *1:* 39
   BPS 183
Von Däniken, Erich
   A *1:* 83
Von Hagen, Adriana
   A *1:* 67
Von Hagen, V. W.
   A *1:* 227
von Nagy, Kevin
   BPS 85

W

War Gods
   A *2:* 483
Warfare. *See also* Military forces
   Aztec, A *2:* 477–78, 483–86, 492–95, 494 (ill.); **BPS** 152–53, 174, 178, 179–80, 215–16
   Caral and, A *1:* 51–52
   civil, A *1:* 243–47; **BPS** 8, 51, 54–55
   early Andean, A *1:* 55–56
   Maya, A *2:* 386
   Teotihuacán, A *2:* 330
   Toltec, A *2:* 448–50, 450 (ill.), 454, 456; **BPS** 166
   Wari, A *1:* 129–30
Wari
   BPS 34
Wari City, Peru
   A *1:* 123, 124, 124 (ill.), 128, 135
Wari culture
   A *1:* 103, 121–36
   agriculture, A *1:* 128, 129 (ill.), 131
   architecture, A *1:* 124–28, 125 (ill.)
   art and science, A *1:* 133–34, 134 (ill.)
   decline of, A *1:* 134–35
   economy, A *1:* 130–32
   festivals, A *1:* 131, 236
   government, A *1:* 129–30
   history, A *1:* 128–29

Inca and, **A** *1:* 122–23, 135
location of, **A** *1:* 123–24, 124 (ill.)
Nazca and, **A** *1:* 85
religion, **A** *1:* 132–33
Tiwanaku and, **A** *1:* 105–6, 121, 127–28, 132, 135
Warrior cults
A *2:* 443, 449–50, 451, 455, 468, 492
Warrior gods
A *2:* 504
Warrior priests
A *1:* 95, 95 (ill.), 97
Warriors. *See* Military forces; Warfare
Water gods
BPS 185
Water sources
BPS 176–77, 225
Aztec, **A** *2:* 465
kingdom of Chimor, **A** *1:* 152–53
Maya, **A** *2:* 365
Moche, **A** *1:* 93
Nazca line drawings and, **A** *1:* 82–84
Wari, **A** *1:* 128–29
Waterlily-jaguar
BPS 113
Wayeb
BPS 97
Weapons
A *2:* 495
Weaving. *See also* Textiles
A *1:* 102, 212–13, 230, 237, 259
BPS 47
Welfare state
A *1:* 181, 196
Were-jaguar
A *2:* 290, 292
Wheel
A *1:* 6
White clay
A *2:* 285
White Tezcatlipoca. *See* Quetzalcoatl
Williams, Patrick Ryan
A *1:* 131
Wind God (Ehecatl)
A *2:* 463, 505 (ill.)

Wind gods
BPS 165, 183, 185
Wives
BPS 29, 52, 237
Women
Aztec, **A** *2:* 520, 522
chosen, **A** *1:* 206–7, 207 (ill.), 208 (ill.), 212; **BPS** 4, 15, 43–48, 48 (ill.)
Inca, **BPS** 25, 29
labor obligations of, **A** *1:* 228, 230
Maya, **A** *2:* 427, 428–29; **BPS** 128–29
Mesoamerican, **BPS** 256
Sapa Inca and, **A** *1:* 182–83
Wool *quipu*
A *1:* 43, 118, 259
BPS 39
Working class
Aztec, **A** *2:* 491, 494, 497, 499, 523–25; **BPS** 179
Caral, **A** *1:* 51
children of, **A** *1:* 230–31; *2:* 523
clothing, **A** *1:* 235–36
daily life of, **A** *1:* 225–36
development of, **A** *1:* 6, 7
festivals for, **A** *1:* 236
food, **A** *1:* 233–35
houses, **A** *1:* 231–33, 231 (ill.); *2:* 427–28, 428 (ill.)
Inca, **A** *1:* 192–94, 196, 203–4, 221, 225–36; **BPS** 25
labor obligations of, **A** *1:* 227–28
marriage, **A** *1:* 229–31
Maya, **A** *2:* 386, 421, 433–34; **BPS** 124
Olmec, **A** *2:* 289
Workshops
A *2:* 417
World Tree
A *2:* 376–77, 382, 400
Wright Codex
A *2:* 402
Writing systems. *See also* Glyphs
Aztec, **A** *2:* 514–20, 515 (ill.); **BPS** 154, 209
development of, **A** *1:* 6
Inca; **BPS** 33, 38

Maya, **A** *1:* 16; *2:* 271, 341–44, 342 (ill.), 345, 391–96; **BPS** 73–75, 135, 197
Mixtec, **BPS** 197–98
Olmec, **A** *2:* 283–84, 293–96, 295 (ill.), 296 (ill.); **BPS** 81–86
Sumerian, **A** *1:* 9
Teotihuacán, **A** *2:* 331
three-dimensional, **BPS** 38
Zapotec, **A** *2:* 303, 310–12

X

Xbalanque
A *2:* 376–77
Xerez, Francisco de
BPS 59
Xi. *See* Olmec culture
Xibalbá
A *2:* 375–80
BPS 132–34, 147–48
Xicalango, Mexico
BPS 249
Xihuitl
A *2:* 513
Xiloj, Andres
BPS 149
Ximénez, Francisco
BPS 137, 140
Xipe Totec
A *2:* 309, 342
Xiucoatl
BPS 188
Xmucane
BPS 143–47
Xochicalco
A *2:* 445
Xochicuicatl
BPS 277
Xochipilli/Tonacatechutli
BPS 199–200
Xocoatl
A *2:* 422, 430–31
Xoloti
A *2:* 451
Xpiyacoc
BPS 143–47

Y

Yacolla
  BPS 47
Yahuar Huaca
  A *1:* 170 (ill.), 171
Yampellec
  A *1:* 146
Yanaconas
  A *1:* 222, 228–29
Yax Cha'aktel Xok
  A *2:* 357
Yax Eb' Xook
  A *2:* 357
Yax Pac
  BPS 113, 124
Yax Pasah
  A *2:* 364–65
Yax-Pasaj Chan Yoaat. *See* Yax Pac
Yaxchilan
  A *2:* 405
Yndichuri
  BPS 26
Yohl Ik'nal
  BPS 128, 131
Yucatán peninsula
  A *2:* 335, 341 (ill.)
  BPS 75, 78
Yucatec languages
  A *2:* 344
Yucatec Maya names
  BPS 88, 89 (ill.), 90 (ill.)
Yucatecs
  A *2:* 434
Yum Kaax
  A *2:* 375
Yupanque, Angelina
  A *1:* 168
Yupanqui, Doña Angelina
  BPS 3, 9, 22–23, 30

Z

Zacan
  A *2:* 429
Zapotecs
  A *2:* 299–313
  architecture, **A** *2:* 304–6, 304 (ill.)
  art, **A** *2:* 310, 311 (ill.)
  calendars, **BPS** 93
  decline of, **A** *2:* 312–13
  glyphs, **A** *2:* 271; **BPS** 81, 84–85
  government and economy, **A** *2:* 306–9
  history of, **A** *1:* 13; *2:* 267, 301–6; **BPS** 74, 77–78
  human sacrifice rituals, **BPS** 84–85
  location of, **A** *2:* 301, 302 (ill.)
  Olmec and, **A** *2:* 300
  Maya and, **BPS** 73
  number systems, **BPS** 87
  religion, **A** *2:* 309–10
  science, **A** *2:* 312
  writing and language, **A** *2:* 303, 310–12
Zero
  A *2:* 406
  BPS 78, 87, 88, 91
Ziegler, Gary
  A *1:* 165
Ziggurat
  A *1:* 3, 9

FARMINGDALE PUBLIC LIBRARY

3 1736 00461 7553

DOES NOT CIRCULATE

REFERENCE ONLY